APROXIMAÇÕES ENTRE JUNG E MORENO

Dados Internacionais de Catalogação na Publicação (CIP)
(Câmara Brasileira do Livro, SP, Brasil)

Ramalho, Cybele M. R.
Aproximações entre Jung e Moreno / Cybele M. R. Ramalho — São Paulo : Ágora, 2002.

Bibliografia.
ISBN 85-7183-808-9

1. Jung, Carl Gustav, 1875-1961 2. Moreno, Jacob Levy, 1889-1974 3. Psicodrama 4. Psicologia junguiana 5. Psicoterapia I. Título.

Índice para catálogo sistemático:

1. Sistema psicoterápico :
   Psicologia   150.195

Compre em lugar de fotocopiar.
Cada real que você dá por um livro recompensa seus autores
e os convida a produzir mais sobre o tema;
incentiva seus editores a encomendar, traduzir e publicar
outras obras sobre o assunto;
e paga aos livreiros por estocar e levar até você livros
para a sua informação e o seu entretenimento.
Cada real que você dá pela fotocópia não autorizada de um livro
financia o crime
e ajuda a matar a produção intelectual de seu país.

APROXIMAÇÕES ENTRE JUNG E MORENO

Cybele Maria Rabelo Ramalho

EDITORA
ÁGORA

APROXIMAÇÕES ENTRE JUNG E MORENO
Copyright © 2002 by Cybele M. R. Ramalho
Direitos reservados por Summus Editorial

Capa: **Nelson Mielnik e Sylvia Mielnik**
Editoração: **All Print**

Departamento editorial:
Rua Itapicuru, 613 – 7º andar
05006-000 – São Paulo – SP
Fone: (11) 3872-3322
Fax: (11) 3872-7476
http://www.editoraagora.com.br
e-mail: agora@editoraagora.com.br

Atendimento ao consumidor:
Summus Editorial
Fone: (11) 3865-9890

Vendas por atacado:
Fone: (11) 3873-8638
Fax: (11) 3873-7085
e-mail: vendas@summus.com.br

Impresso no Brasil

A Idalton e Dante, pelo amor, companheirismo e dedicação paciente no nosso cotidiano familiar.

A meus pais, Balduíno (*in memorian*) e Lisette, pelo exemplo de perseverança em suas jornadas heróicas.

Aos alunos e clientes que, com o testemunho de suas dores e indagações, motivaram-me a prosseguir nesta jornada cheia de desafios que é ser educadora e psicoterapeuta.

*O que é a verdade? Uma multidão de metáforas,
metonímias, de antropomorfismos; em resumo, um conjunto
de relações humanas poética e retoricamente erguidas, transpostas,
enfeitadas, e que depois de um longo uso,
parecem a um povo firmes, canoniais e constrangedoras: verdades são
ilusões que esquecemos que o são..."*

F. Nietzsche, in *O Livro do Filósofo*

Eu quero sempre mais do que vem nos milagres...

Cecília Meireles

SUMÁRIO

Prefácio 11

Apresentação 15

1. APROXIMAÇÃO EXISTENCIAL 21
   Dados biográficos do criador do Psicodrama 21
   Contribuições mais importantes de Moreno 37
   Dados biográficos do criador da Psicologia Analítica ... 49
   Contribuições mais importantes de Jung 65
   Aproximações possíveis entre a vida e a obra de J. L. Moreno e C. G. Jung 82

2. APROXIMAÇÃO EPISTEMOLÓGICA 89

3. APROXIMAÇÃO METODOLÓGICA 111
   Com referência ao vínculo terapêutico 111
   Psicodrama junguiano: nova proposta metodológica ... 126

4. APROXIMAÇÃO CLÍNICA 135
   Relato de uma experiência em Psicoterapia de Grupo ... 135
   Breve processamento teórico desse relato 149

Conclusão 157

Referências bibliográficas 161

PREFÁCIO

Não me espanta o fato de mais um psicodramatista ir buscar lá fora, para comparações, assuntos tangenciadores da proposta moreniana. Correndo o risco de ser simplório, diria que isso acontece porque somos, os da área *psi*, oleiros de uma faina, na qual se amassa o mesmo barro e dão-se contornos à mesma argila. Psicólogos, educadores e psiquiatras escolheram o evento humano das relações entre gentes como foco de sua curiosidade e pesquisa.

Quem somos? De onde viemos? Para onde vamos? Não bastassem essas perguntas milenares, e por isso mesmo, as religiões e as ciências, em uma seqüência histórica ou de modo simultâneo, escarafuncham os mistérios da vida, particularmente os segredos da vida psíquica, com as repercussões no relacionamento humano. Haja empenho e talento para estabelecer-se estratégias de busca e reflexão em torno dessa cultura oracular.

A partir do oráculo de Delfos, muitos se aventuram, até hoje, com coração e inteligência, olhos, ouvidos e tato, com músculos e desejos, para colher as sutilezas da humanidade do ser. Da outrora visão anímica do universo à sabedoria mundana e técnica atual, o comportamento dos indivíduos tem sido investigado e, porque o *projeto genoma* não se capacita a romper esse véu, toda a medicina psicológica será construída pelas vivências subjetivas, intersubjetivas e antropológico-sociais. Assim foi com Jung e com Moreno, fundadores de novas e diferentes perspectivas a respeito do tema.

No entanto, as coisas que nos pareciam distantes e tão desiguais começaram a ser aproximadas. Descobrem-se, aqui, ali e acolá, pontos de convergência, contrapontos polifônicos, interfaces gentis. No caso deste livro, valeram o engenho e a arte da autora, Cybele Maria Rabelo Ramalho.

Psicóloga, psicodramatista, analista junguiana e professora universitária, ela amealhou consistente dote de conhecimentos, chegando-lhe, agora, o tempo de colheita. Para a tarefa na seara múltipla, muniu-se do alvião e do ancinho, e de um coração sensível e apaixonado pelos autores estudados.

A autora correu o risco calculado de se passar por eclética, esse *nome feio* dentro do campo conceitual, porém, suficientemente ágil para evitar as armadilhas, ela deu ênfase aos aspectos *poiéticos* das obras examinadas e saiu-se muito bem.

Pelo viés existencial, com os dados biográficos, mostra-nos Jung e Moreno como pessoas corajosas, originais, irreverentes, idealistas, criativas, intuitivas e românticas. Homens de visão cósmica, enfeitiçados pelo mundo das artes, destinados a enfrentar a vida como peregrinos da *jornada do herói*.

Pelo viés epistemológico, buscou-se reforço no construtivismo de Piaget, dando subsídios de outra ordem, para contemplar os que não aceitam ficar fora dos cânones acadêmicos. E esse autor de ligação já registrara, em algum momento: "Conhecer é um desígnio do ser humano, é condição de sua sobrevivência física e espiritual". Não foi à toa que Moreno elegera o mito de Prometeu como emblema psicodramático.

Pelo viés metodológico nos é apresentado o *Psicodrama junguiano*, com as possibilidades próprias. Para alguns, será imensa novidade, para outros, confirma-se que o nosso campo de estudo sai enriquecido com as idéias arquetípicas, com a simbologia universal, marcos referenciais passíveis de participar, com outros elementos, da brecha entre fantasia e realidade, por onde o *ser* passa em seu processo de hominização e humanização.

Pelo viés clínico, com os exemplos tirados da prática da autora, o psicodrama apresenta-se com seu reconhecido potencial, confirmando, independentemente das articulações teóricas, que é método de um vigor que não se esgota.

O livro de Cybele terá dupla demanda: a dos psicodramatistas desejosos de se aproximar de Jung e a dos junguianos dispostos a conhecer Moreno. Para ficar com a bela metáfora da "dança", que o leitor encontrará no interior do texto, diria que teremos essa oportunidade no dia-a-dia profissional. Sendo a mais antiga das artes, a dança tem servido, desde então, para interrogações sobre o parceiro, para a troca de comunicações com ele, significando distanciamento ou achego dos corpos, bem como liberação de fantasias e descarga de emoções. Alegrias e pesares, fortidão e desamparo, estereotipias e convulsões. A dança é a manifestação ritualística mais espontânea e por onde pode surgir o gesto criador mais expressivo. Puro Psicodrama!

Somos convidados para o desafio, carinhosamente oferecido nessa escrita de cotejos ricos e instigadores. Valeu, minha cara Cybele Ramalho. Foi uma ótima maneira de brindar o XIII Congresso Brasileiro de Psicodrama, exatamente na Bahia de todos os brasileiros.

Wilson Castello de Almeida

APRESENTAÇÃO

As semelhanças e diferenças entre dois ou mais teóricos no campo psicoterápico constitui o interesse de muitos que se iniciam no vasto estudo da existência humana, sobretudo quando nos encontramos diante da emergência de um novo paradigma. A tentativa de comparar tantos conceitos diferentes, para facilitar a compreensão de múltiplas abordagens e encontrar um certo corpo ou eixo metateórico entre diversas escolas de pensamento, é a meta de muitos profissionais na virada deste milênio. Na Psicologia, tem sido comum a tendência de se adotar um único sistema e isolá-lo da vasta riqueza do saber, como se perdêssemos a visão abrangente do "elefante do conhecimento", dedicando-nos a uma de suas partes, perdendo a noção do todo. Na virada deste século, essa visão no campo científico tem sofrido alterações e não seria diferente no campo do conhecimento *psi*.

Atualmente, no campo científico, o que antes era colocado "entre parênteses", agora é alvo de grande interesse, como a complexidade incontrolável do universo, suas incertezas e contradições (Morin, 1999). O progresso científico já não é tido como linear e a própria ciência é vista como uma série de disciplinas co-emergentes, conflitantes e revolucionárias, para assim poder permitir uma maior compreensão do universo. Fazer ciência, hoje, é encarar um processo em eterno devir, que entrelaça subjetividade e intersubjetividade. Mesmo pautada sobre quatro pilares (empirismo, racionalidade, inovação e verificação), a ciência é, antes de mais nada, uma comunidade sociocultural e histórica, que não poderá abarcar todas as questões da existência, nem encontrar nenhuma "verdade absoluta". No caso da Psicologia, ao se ocupar de estudar a existência do homem, não poderá esquecer que esta é feita de opostos intercambiáveis que dão sentido à vida, em um eterno diálogo complementar de construções e desconstruções. Portanto, foi inspirando-me nessa noção de oposição complementar, na visão de multiplicidade criativa que atravessa o pensamento contemporâneo, que me atrevi a escrever este livro, que antes poderia ser considerado um ensaio, um relato de questionamentos e reflexões.

Por já trabalhar desde 1985 na abordagem psicodramática de Jacob Levy Moreno (1889-1974) e iniciar, nos últimos anos, o estudo da obra de Carl Gustav Jung (1875-1961), chamaram-me a atenção alguns pontos de aproximação e complementações epistemológica e metodológica existentes entre ambos, mais do que seus inúmeros pontos de distanciamento (no que se refere às bases filosóficas e aos principais conceitos dos dois pensadores). Sabe-se que estes se aprofundaram em direções e campos diversos do conhecimento: aquele, detendo-se no campo das relações interpessoais, criando a Socionomia; este, retendo-se no campo das relações intrapsíquicas, no universo do Inconsciente Coletivo, criando sua Psicoterapia Analítica. Enquanto Moreno privilegiava o Encontro consigo mesmo por meio da relação com o outro, Jung preferia o Encontro do indivíduo com seu universo inconsciente, aprofundando-se na noção de Arquétipos. Moreno e Jung são, portanto, dois teóricos que parecem ter encontrado dois "elefantes" bem diferentes, pois enfatizaram uma parte especial desse todo abrangente.

Parti da hipótese de que é no campo da arte e da criatividade, não no viés filosófico, sociológico ou psicológico propriamente dito, que se encontra a possibilidade de investigar os pontos dialógicos de aproximação ou de complementação entre esses dois autores. Aparentemente eles são, à primeira vista, suficientemente díspares, senão apenas ligeiramente complementares. Tentarei mostrar como essa aproximação ou complementação se faz mais evidente, e ilustrarei minhas pesquisas com o relato de algumas experiências de minha prática clínica.

No início deste livro (Capítulo I) resumi os dados biográficos dos dois autores, em que podemos constatar que, apesar de contemporâneos, Moreno e Jung não se encontraram ao longo de suas existências, nem se referiram um ao outro como pertencentes ao mesmo campo ou linha de pensamento. No entanto, até mesmo em suas vidas privadas, pode-se encontrar algumas semelhanças sutis. E é curioso observar um número crescente de obras escritas por psicodramatistas com influência junguiana, assim como um número crescente de psicodramatistas nos congressos junguianos (e vice-versa), como se denunciassem a existência de um movimento de aproximação, ou no mínimo de "simpatia" entre essas duas abordagens. O Psicodrama junguiano, entretanto, já existe como abordagem clínica, o que é ainda pouco conhecido em nosso meio, e vem desenvolvendo-se na Itália, Espanha e em alguns países da América Latina, por meio de psicodramatistas que têm trabalhado baseados em Jung e Moreno.

Foi no campo terapêutico, no *setting* clínico ou na metodologia terapêutica de ambos, que percebi, a princípio, a possibilidade de um encontro entre esses autores, sobretudo no que se refere ao conceito moreniano de Tele e à sua importância como agente na relação terapêutica. Surpreendeu-me encontrar observações junguianas "tão morenianas", razão por que me arrisquei de início em afirmar ser este, talvez, um estudo sobre a descoberta de um "Jung télico". Portanto, neste livro, focalizo em linhas gerais como esses dois autores se encontram em suas propostas pelo viés télico, em experiências do campo clínico. Contudo, fundamentalmente, a discussão começara com a apresentação de suas vidas e de um viés epistemológico que dá sustento a ambos. Os primeiros capítulos situarão o leitor, de forma didática, nos principais conceitos teórico-técnicos de ambos. Os demais estarão ancorados em uma liberdade de expressão maior, relatando minha prática em diferentes campos.

Na vertente epistemológica, tanto Moreno quanto Jung me pareceram teóricos precursores do pensamento pós-moderno e, apesar de inúmeras diferenças quanto às bases filosóficas de origem e aos caminhos que percorreram, encontraram-se como expoentes do atual movimento construtivista da Psicoterapia. Desse modo, serão apresentados também como co-criadores em um campo télico, que tomam a Criatividade como um valor central. Este livro se preocupa em apresentá-los como autores que tiveram em suas vidas a urgência de rupturas, de ultrapassagens, e um propósito comum: a vida criativa.

É importante destacar que não pretendo, neste livro, tentar fazer uma "junção" de duas teorias que guardam, cada uma de per si identidade própria, com arcabouços conceituais diferentes. Tal reducionismo seria improdutivo e ingênuo, além do que ofenderia os puristas morenianos e junguianos. No entanto, o princípio da correlação entre a obra de ambos se inicia no encontro entre Moreno e Jung, por apresentarem uma concepção semelhante de homem. Eles valeram-se de caminhos diferentes e acabaram por revelar uma idéia de homem em constante desenvolvimento e transformação, cujas possibilidades, no dizer moreniano, são tantas quantas sua Espontaneidade puder vislumbrar ou, na linguagem junguiana, o seu processo de Individuação puder conduzir.

Percebi que a Psicologia Analítica de Jung e o Psicodrama de Moreno também trazem uma concepção finalista da conduta humana, dentro de uma visão teleológica. Evitam a causalidade redutivista na compreensão do fenômeno humano, enfatizando mais a atitude prospectiva, que vai além das causas, remetendo-nos à busca de finalidades, do vir-a-ser.

Tenho uma prática clínica e pedagógica de vinte anos, a maioria dos quais adotando uma perspectiva psicodramática. Por várias razões pessoais e profissionais (talvez concernentes à crescente busca de ressignificação da fase da "metanóia"), na virada da meia-idade me vi envolvida na busca dos principais temas junguianos. A aproximação se deu, inicialmente, de forma instintiva, espontânea, intuitiva. Desse modo, com o tempo iniciei meu estudo teórico-prático na abordagem junguiana e senti-me motivada a estabelecer uma conexão, ou tentativa de aproximação, entre Moreno e Jung, com base na minha práxis clínica e pedagógica. Direi de antemão o risco que corro de "ferir" duas diferentes facções, que propõem manter posições diferenciadas, defendendo-as ardentemente. Não desprezei os posicionamentos "genuínos", pois até os considero necessários para firmar o movimento e divulgar as duas perspectivas, além de promover o estudo aprofundado, sem perda dos referenciais básicos. Apenas ousei caminhar pelas interfaces, um caminho solitário, imprevisto, ousado, porém para mim muito instigante e gratificante.

Explicar ao leitor a minha especial atração e interesse por esses dois teóricos irreverentes, talvez exceda às dimensões do livro. Em síntese, o que me motivou foi encontrar na vida e obra desses dois homens um "fogo sagrado", uma "fome" que excedia os padrões, invadindo o campo científico com algo mais além, que poderia chamar, genericamente, de "espiritualidade". Ao longo deste livro entendi este termo no sentido mais amplo que o da Religião, não estando associado a dogmas e rituais. Mas a espiritualidade será referida, como diz Leonardo Boff (2001), como o que produz dentro do ser humano uma mudança interior, associada à tolerância, amorosidade, leveza, compaixão, solidariedade humana e ao desenvolvimento da liberdade, sensibilidade e responsabilidade, como uma espécie de disponibilidade e capacidade de enternecimento. Uma espiritualidade que quebra a relação de posse de tudo, para estabelecer uma relação de comunhão, que vive aberta à escuta da realidade, que é fonte de inspiração do novo, de geração de um sentido e de capacidade de autotranscendência. Enfim, uma espiritualidade criativa.

Escolhi iniciar os três primeiros capítulos deste livro com pesquisa biográfica, seguida de pesquisas epistemológica e metodológica, para finalmente visitar seus pensamentos no terreno técnico da psicoterapia. Ilustrei com minha experiência, pela prática na Psicoterapia de Grupo, relatando no capítulo IV algumas sessões, de modo que possa ser mais bem exemplificada a forma de trabalho nessa interface. Também desejo esclarecer que, apesar deste trabalho e de minha admiração por ambos, não me considero militante do novo Psicodrama junguiano. O eixo de minha formação profissional e fundamentação teórica é psicodramático, com viés fenomenológico-existencial.

Realço que as diferentes perspectivas teóricas e a prática das abordagens podem-se estreitar, de modo que tal aproximação e/ou complementação, que residem no campo epistemológico e técnico-metodológico, sejam identificadas por meio da práxis. Porém, estou aberta ao debate, às discordâncias, às indignações, às dúvidas e às controvérsias que este livro possa despertar. Aberta, humildemente, para as críticas positivas, pois me considero em processo de eterna aprendizagem. Não pretendo ser ortodoxa e nem me prender às convenções do método científico. Em alguns pontos, não cito apenas Moreno, mas pós-morenianos, nem exatamente só Jung, mas também pós-junguianos, pois o meu livre pensar abraçou o arcabouço fundado por ambos, e não apenas como ponto de partida. Enfim, convido o leitor a testemunhar uma "dança" incomum entre J. L. Moreno e C. G. Jung, no terreno da pós-modernidade, no ritmo construtivista. Algumas vezes, essa dança parecerá densa, pesada, paradoxal, talvez confusa e desconcertante; outras vezes, apresentar-se-á com leveza e rara beleza, em passos surpreendentes, harmônicos e desarmônicos, como em todo primeiro ensaio...

A autora

APROXIMAÇÃO EXISTENCIAL

> *Esta é a lei do Universo: onde houver uma parte da criação, estará uma parte do criador, uma parte de mim.*
>
> J. L. Moreno

Dados biográficos do criador do Psicodrama

É uma tarefa árdua escrever sobre a controvertida vida de Jacob Levy Moreno, um homem que era considerado pelos cientistas pouco claro, às vezes até "megalomaníaco", sendo mais aceito no meio artístico. Um homem que pouco se preocupou com o rigor conceitual em seus escritos, que viveu desafiando todos os dogmas de seu tempo (religiosos, terapêuticos e científicos), revelando assim sua aversão à própria idéia de sistema, preferindo transmitir sua prática pela experiência direta, ao vivo. No confronto com outros grandes autores, Moreno se mostrou mais intuitivo que conceitual. No livro *J. L. Moreno, o psicodramaturgo* (1990), Alfredo Naffah Neto nos informa a esse respeito:

> Um farsante quando pretendeu, com meia dúzia de frases eloqüentes e conclusivas, reparar e ultrapassar a suposta falta de visão de Nietzsche, Bérgson, Freud e Marx. Neste âmbito, suas críticas cheiram a ilusionismo. A magia barata, a teatro de circo" (apud Aguiar, 1990, p. 13).

As controvérsias que envolveram seu nome também ocorreram em virtude da posição marginal que sempre ocupou em relação à cultura de sua época. Paradoxalmente, em alguns momentos de sua vida Moreno pareceu inclusive aprisionar suas filosofias do Momento e da Espontaneidade existencial às conservas culturais, na ânsia de medir e quantificar conceitos (como Tele e Espontaneidade), parecendo submeter-se às preocupações cientificistas e positivistas do meio em que vivia.

Todavia, mostrou-se genial em muitos aspectos, despertando a admiração de quem conheceu de perto sua obra. É esse aspecto do gênio moreniano que pretendo abordar aqui.

Moreno era de origem judaica e sua família saiu da Península Ibérica para radicar-se na Romênia, no período da Inquisição. Seu pai era um comerciante que viajava muito, revelando-se, por sua ausência, um tanto misterioso para os filhos, que o admiravam e o temiam. Fracassava sempre nos negócios e vivia mal nas finanças, tendo uma vida conjugal infeliz. Muito generoso, exercia atividade filantrópica na comunidade sefardim, adepto da seita judia do Hassidismo. A mãe era calorosa, afetuosa e socialmente ativa, poliglota e refinada. Apesar de judia, fora criada por freiras em escola católica, era admiradora do Novo Testamento e de Jesus Cristo. Era ao mesmo tempo supersticiosa e culta, pois acreditava em adivinhações de sonhos, consultava ciganas com freqüência, tinha dons premonitivos, jogava cartas e praticava a quiromancia. Parecia, ainda, ser uma mulher forte e de incansável energia, pois basicamente criou sozinha seus seis filhos.

Jacob Levy Moreno era o primogênito e o preferido de sua mãe. Com apenas um ano de idade sofreu um sério ataque de raquitismo e aparentemente ficou paralítico. Desenganado pelos médicos, foi abordado por uma cigana que lhe receitou banhos de sol ao meio-dia, sentado na areia, proferindo-lhe a seguinte profecia:

> Chegará um dia em que esta criança se tornará um grande homem. Chegará gente de todo o mundo para vê-lo. Ele será um homem sábio e bondoso (Marineau, 1992, p. 29).

Essa história talvez tenha criado na mãe de Moreno a crença de que ele era um predestinado, sugerindo a seu filho uma missão especial a cumprir. Portanto, o despertar religioso de Moreno foi uma mistura de crenças judaicas com valores cristãos, alimentadas pela idéia de que possuía um destino especial, cuja principal brincadeira (estimulada por sua mãe) era a de ser Deus (o *Godplayer*).

Aos cinco anos de idade, Moreno e sua família mudaram-se para Viena. Em notas autobiográficas, destacava um fato ocorrido nessa fase de sua vida em que, brincando com outras crianças do bairro, no porão de sua casa, ele representava o papel de Deus, enquanto as outras crianças, os anjos. Vários caixotes empilhados sobre uma mesa formavam os vários planos do céu; no topo havia uma cadeira, que era o trono de Deus. Os anjos solicitaram a "Deus" que voasse e ele o fez, caindo ao chão e fraturando o braço direito (Gonçalves, Wolff e Almeida, 1988). Mais tarde, Moreno refere-se a esse episódio como o embrião de sua idéia da Espontaneidade, uma espécie de cena nodal para seus desenvolvimentos posteriores.

Apesar de protegido pela mãe, Moreno amava e idealizava seu pai, a quem sempre defendia nas discussões familiares. No entanto, este era bastante ausente da família, de modo que Moreno, como filho supostamente carente, identificou-se com um pai imaginário. Seu pai era ainda criticado por não poder manter a família e ter outras mulheres, terminando finalmente por abandonar o lar. Por volta de 1906, os pais de Moreno se separaram e ele passou a morar sozinho em Viena, com apenas 17 anos.

A separação de seus pais abalou-o emocionalmente. O jovem Moreno, adolescente, desprotegido, ressentido e revoltado, passou a cuidar de si, mantendo-se como professor particular, negando-se a morar com familiares. Passou por um período de depressão, que durou cerca de dois anos. Antes disso, era um aluno aplicado, mas abandonou a escola e esteve uma fase meditando e refletindo, adotando comportamentos considerados estranhos. Lia autores místicos, em uma intensa busca espiritual. Queria compreender sua missão e, conseqüentemente, esta postura o afastou de todos, que o julgavam apenas um "megalomaníaco". Segundo o historiador René Marineau, que escreveu sua biografia:

> Moreno estava especialmente interessado na noção de céu, comparando o conceito de céu de Dante, com o de Swedenborg, enquanto procurava conhecer a noção de alma. Achou fácil identificar-se com os místicos e, Swedenborg, um cientista que se tornou teólogo, foi um bom modelo (1992, p. 40).

Portanto, em sua adolescência, Moreno passou por uma crise religiosa e filosófica. Era sobretudo um judeu sefardim, adepto do Hassidismo e, mesmo não se dedicando à seita de maneira fervorosa, considerou que os princípios religiosos estiveram sempre presentes ao longo de sua vida, inspirando decisivamente toda a sua obra, que veio a ser desenvolvida depois. Esse fundamento místico nunca o abandonou. Nessa fase, leu e recebeu influências de Sócrates, Dante Alighieri, Soren Kierkegaard, F. Nietzsche, Dostoievski e Witman. Aos poucos, foi saindo de seu isolamento e, em 1909, ao entrar na Universidade, já estava mais inserido socialmente, mantendo, porém, suas discussões teológicas e filosóficas.

Entre 1907 e 1910, com alguns amigos, Moreno ainda adolescente formou a Religião do Encontro, o Seinismo, que expressava sua rebeldia diante dos costumes estabelecidos e exprimia seus ideais místicos. Reunia-se com um grupo de jovens por ele liderado, na Casa do Encontro, onde ajudavam os pobres, oprimidos e angustiados. Nessa época, deixou crescer a barba e usava um manto longo, verde-escuro. Sentia-se em plena atividade profética, como ele próprio demonstra em alguns escritos autobiográficos:

> Eu tinha a idéia fixa de que um único indivíduo não possuía autoridade, que devia tornar-se a voz de um grupo. O novo mundo deve sair de um grupo. Minha nova religião era a religião do ser [...], da ajuda, da cura, pois ajudar era mais importante que falar. Era a religião do silêncio, do fazer alguma coisa sem recompensa ou reconhecimento. Era a religião do anonimato (apud Marineau, 1992, p. 47).

A partir dessa época, já começara a desenvolver o germe da responsabilidade coletiva, que nortearia sua obra. Dessa maneira, em 1908, Moreno estava absorvido pelo misticismo, mas ao mesmo tempo era estudante assíduo e aplicado de Medicina, além de estar envolvido com Filosofia Existencial e com Arte em geral, especialmente o Teatro. Estava interessado no mundo das crianças, acreditando que elas iniciariam uma verdadeira revolução. Nessa época, ele fazia teatro experimental, além de jogos de improviso com crianças nos Jardins de Augarten, parque público de Viena. Contava histórias e contos-de-fadas às crianças, criando jogos imaginativos, estimulando-as a recriarem os contos e a dramatizarem em seguida. Dessa época, afirma crer que a única maneira de livrar-se da "síndrome de Deus" que o invadia era atuando como tal. Mas, sobretudo, exercia as bases de seu projeto, do que mais tarde viria a desenvolver em suas teorias:

> Atrás do disfarce de contar estórias de fadas às crianças, eu estava tentando plantar as sementes de uma pequena revolução criadora (apud Marineau, 1992, p. 52).

Posteriormente, tamanha era a influência que exercia sobre as crianças, que criou um Teatro Infantil. Nele, encenaram inclusive peças clássicas, como *Assim falou Zaratustra*, de Nietzsche, e *O Doente Imaginário*, de Molière. Nessa época exercia forte magnetismo e suas atitudes revolucionárias incomodaram muitos pais e professores, que acabaram demovendo-o da idéia de continuar trabalhando com crianças. Moreno, nesse período, conheceu Freud (em 1912), quando era estudante da Faculdade de Medicina e interno da Clínica Psiquiátrica de Viena. Nesse encontro com o famoso pai da Psicanálise, demonstrou toda a sua arrogância. Ele relata o encontro:

> Freud tinha acabado de fazer a análise de um sonho. Enquanto os estudantes se alinhavam, ele me perguntou qual era a minha atividade. Eu respondi: "Bem, Dr. Freud, comecei no ponto em que o senhor desistiu. O senhor atende às pessoas no ambiente artificial do seu consultório. Eu as encontro nas ruas, em suas casas, no seu ambiente natural. O senhor analisa seus sonhos e eu tento estimulá-las a sonhar de novo. Eu ensino às pessoas a representar Deus...". O Dr. Freud olhou para mim como se estivesse perplexo e sorriu (apud Marineau, 1992, p. 44).

Desse modo, Moreno demonstrou que via em Freud (1856-1939) um tradicionalista disfarçado, que apenas usava um vocabulário revolucionário e, por isso, nunca se filiou às suas idéias. Questionava Freud por ser reducionista, centrando-se apenas na palavra e esquecendo-se da importância das imagens e demais formas de expressão simbólica do ser humano, que incluíam sua expressão corporal. Ressentiu-se bastante por não ter tido espaço para desenvolver suas próprias idéias na mesma Viena já bastante freudiana, desenvolvendo depois suas teorias em sentido diametralmente oposto à Psicanálise. Adotando bases filosóficas bem diferenciadas, passou a interessar-se mais por processos conscientes e interpessoais, no aqui e agora, desenvolvendo a criatividade e as dinâmicas grupais, enquanto Freud se dedicava aos processos inconscientes, enfocando o passado, de forma mais determinista.

Já nessa época, Moreno insistia em acabar com os papéis artificiais desempenhados no teatro convencional, insistindo que os atores abandonassem suas máscaras e apresentassem seu verdadeiro ser. Em 1914, desenvolveu um trabalho com prostitutas vienenses, compondo para isso uma equipe multidisciplinar, com um jornalista e um médico venerologista. Utilizou-se de técnicas grupais, a fim de conscientizá-las da situação em que viviam, o que gerou a organização de um sindicato em Amspittelberg. Em 1916, produziu também um trabalho grupal em um campo de refugiados tiroleses da Primeira Guerra, no campo de Mittendorf. Nessas experiências, provou os princípios do que mais tarde viria a desenvolver como a Psicoterapia de Grupo. Nessa época, entre 1914 e 1915, publicou a obra mais marcante de sua fase inicial, sob forma poética: *Convite a um encontro*. Nela, já esboçava as sementes de seu pensamento: a pessoa é mais importante do que o que produz; é preciso inverter papéis para atingir o Encontro existencial genuíno.

Entre 1909 e 1917 escreveu alguns ensaios e brochuras, em um estilo simples e socrático, revelando a crítica dos valores estabelecidos no campo da religião, da política e das artes: *A divindade como comediante*, *A divindade como orador*, *A divindade como autor*, *Homo juvenis* e *O reino das crianças*. Em 1917, concluiu o curso de Medicina, optando de início pela clínica geral, por ser avesso à Psiquiatria tradicional, da forma como esta era conduzida. No início do século XX, a Psiquiatria ensinada na Universidade de Viena nada tinha de revolucionária. A primeira revolução na área de saúde mental foi desenvolvida por Phillippe Pinel (1745-1826), mas a segunda foi deflagrada por Freud, devolvendo ao paciente o direito de falar. Apesar de a Psicanálise ainda percorrer décadas para ser bem aceita em Viena (pois seus princípios constituíam um choque e uma ameaça), muitos filósofos, artistas e escritores lhe conferiram um certo *status* revolucionário. Entretanto, nas Universidades, ainda predominava a classificação das doenças mentais de Emil Kraepelin (1856-1926), sem considerar o desenvolvimento psicodinâmico do paciente. As idéias de Jean Martin Charcot (1825-1893) sobre o hipnotismo e a histeria começavam a ser difundidas no meio acadêmico. Todavia, os valores vienenses eram vitorianos, nos quais a fachada das Conservas Culturais predominava.

Moreno era adepto de um movimento radical que abraçava o credo do subjetivismo e exigia que a vida se apresentasse como é experimentada no aqui-e-agora: o movimento expressionista. Este, estimulado pelo movimento existencialista, predominava na Arte e na Filosofia da época, projetando a visão de novo mundo que, no ramo psiquiátrico, tendia a compreender as necessidades singulares de cada pessoa. Era natural, portanto, que Moreno se rebelasse contra as classificações sistemáticas na área de saúde mental. Então, preferiu ser médico de família e do trabalho, adotando uma visão psicossomática. Foi trabalhar na área de saúde pública, como médico de uma indústria têxtil em Bad Voslau, pequena cidade ao sul de Viena, a partir de 1919. Nesta cidade, costumava visitar os doentes e atendê-los em casa, de graça, exercendo uma Medicina incomum, propagando a fama de "fazer milagres". Nessa época, apaixonou-se ardentemente por Marianne Lornitzo, passando com ela a conviver. Segundo o historiador René Marineau (1992), M. Lornitzo desempenhou um importante papel na reconquista de Moreno dos ideais de sua juventude, partilhando de seus segredos espirituais, inclusive de sua "voz interior". Estabeleceram tamanha sintonia em experiências místicas, que chegavam a ouvir vozes juntos. Desse modo, sentiu-se renascido em seus ideais de criatividade baseado no encontro com uma mulher. Moreno refere-se a isso em escritos autobiográficos (publicados em 1985), citados em Marineau:

> De repente, senti-me renascido, comecei a ouvir vozes não como um doente mental, mas como alguém que sente que pode ouvir uma voz que atinge todos os seres e fala a todos os homens, dá-nos esperança, dá-nos direção, dá a nosso cosmo um sentido. O universo é basicamente criatividade infinita (1992, p. 72).

Moreno vivenciou o que hoje chamaríamos de "experiência culminante" ou de vivência da "consciência cósmica" (fenômeno definido bem depois por Pierre Weil, na Psicologia Transpessoal), considerando-a um momento de intensa vivência do Divino e de comunicação imediata com toda a Natureza. Escreveu em versos o que "ouviu" nesse êxtase, contidos na obra *As palavras do pai*. Este é considerado o livro mais fascinante de Moreno, que foi publicado em 1920, inicialmente anônimo. Justifica isso René Marineau:

> [...] livro fascinante, por causa da filosofia que pregava, uma filosofia da co-criatividade e da co-responsabilidade; fascinante também pela maneira como foi escrito, nascendo para a vida como uma criança, precisando da ajuda de uma mãe/parteira (Marianne). Era a conclusão lógica da infância e da adolescência de Moreno, de uma longa busca de sentido da vida e de uma verídica representação do universo. Se lermos este livro como uma expressão de uma filosofia do cosmo, acharemos nele os conceitos das futuras teorias de Moreno: realidade suplementar, espontaneidade, co-responsabilidade, co-criação, criação como um processo contínuo e Encontro do Eu-Tu como base para encontros significativos (ibidem, p. 75).

O livro *As palavras do pai* também expressa o conceito moreniano de homem. Ressalta que todos somos deuses, co-criadores de um universo inacabado, a ser recriado com energia e alegria. Foi uma tentativa de Moreno unir religião e ciência, embora escrito em estado de graça e excitação. Porém, seus inimigos passaram a creditar a este livro a grande prova de seu desequilíbrio mental.

Pari passu, de 1917 a 1920, Moreno foi fundador, editor e colaborador ativo da revista expressionista e existencialista *Daimon*. Com a elite cultural européia do período, passou a fazer parte de uma geração judaica de muita criatividade e influência nas revoluções intelectuais. Entre eles estavam Martin Buber, Alfred Adler, Fritz Lampl, Albert Ehrenstein, Paul Claudel, entre outros. A revista *Daimon* é um marco na vida de Moreno, que a partir dela abandona a pretensão de ser um pensador autônomo, colocando-se como criador participativo.

No tempo em que esteve como médico em Bad Voslau, adotando métodos intuitivos e sistêmicos de tratamento, passou a se interessar gradativamente pela saúde mental, baseado em um paciente. Um homem rico e deprimido pedia-lhe que o ajudasse a morrer, planejando seu suicídio. Moreno começou a penetrar em seu mundo íntimo, analisou com ele durante semanas seus planos de morte e os desenvolveu na ação (com Marianne, seu primeiro "Ego-auxiliar"). O paciente vivenciou e dramatizou cada detalhe de sua fantasia mórbida, obtendo considerável melhora. Moreno, então, descobriu que uma nova representação, diferenciada, buscando a recriação do drama, levaria à desdramatização, à liberação e ao *insight* (muitas vezes até mediante o riso).

Como médico, era intuitivo e carismático na maneira de falar com seus pacientes, de olhá-los e tocá-los. Suas primeiras experiências já tinham um sentido comunitário, colocando-o inclusive como precursor da Terapia Familiar Sistêmica. Era homem de ação, mas ainda incapaz de sistematizar seu trabalho, despertando, então, em torno de si, no meio médico, sentimentos ambivalentes de amor e ódio, preconceito e ciúme. Isso também acontecia por ser judeu (embora se considerasse um cidadão cósmico, sem pátria), socialista e, sobretudo, por pertencer ao meio artístico e utilizar métodos nada ortodoxos para seu tempo.

Em 1921, fundou o Teatro Vienense da Espontaneidade, o que foi a base de suas idéias da Psicoterapia de Grupo e do Psicodrama. Visualizava no teatro um campo aberto e intocado, alternativo, com infinitas possibilidades de investigar a Espontaneidade no plano experimental. A primeira sessão sociodramática "oficial" realizou-se no *Komödien Haus* de Viena, em 1º de abril de 1921 (para ele, essa data representa um marco para o nascimento do Psicodrama). Moreno colocou no palco, neste dia, como recurso, apenas uma cadeira de veludo vermelho (simbolizando um trono) e uma coroa. Viena, nessa época, vivia o pós-guerra e seus habitantes estavam em crise, pois o governo sem estabilidade estava sem um líder. O tema social da sessão era a busca de uma nova ordem, de modo que alguém do público poderia atuar como rei, tomando a liderança, mas caberia à platéia a aprovação ou não de suas propostas. No entanto, ninguém foi considerado digno de ser rei, não houve um consenso grupal. Essa proposta de Moreno sofreu severas críticas em Viena, tanto do público como dos jornais. Nessa época, ele criou a técnica sociodramática do "Jornal Vivo", mais tarde chamado "Jornal Dramatizado" (que fazia uma síntese entre o jornal diário e o teatro), e consistia em uma dramatização baseada na notícia. Assim, estava criando as raízes do que chamaria mais tarde de Sociodrama.

O Teatro Espontâneo tornou-se, então, um Teatro Terapêutico com o caso "Bárbara-Jorge". Ela era atriz participante do Teatro da Espontaneidade, no qual se destacava pelo ótimo desempenho em papéis doces, ingênuos e românticos. Jorge, seu marido, procurou Moreno para falar da difícil convivência com Bárbara, pois ela, em casa, comportava-se de forma agressiva e violenta. Com base nisso, Moreno sugeriu que Bárbara representasse no palco papéis vulgares (prostitutas, assassinas etc.), nos quais se saiu muito bem. Passou a se sentir diferente em casa, mais calma e até ria quando começava a enfurecer-se, lembrando que já havia feito isso no teatro. Além disso, o marido também percebia diferenças no próprio comportamento e em sua compreensão de Bárbara. Valendo-se disso, os temas trazidos para as sessões de teatro começaram a ser os da vida do casal, de modo que as sessões passaram a ser fechadas e mais aprofundadas. O resultado terapêutico foi positivo. Nasce, com esse fato, o embrião do Psicodrama de Casal e de Família.

Como se vê, Moreno elaborou seu método por meio de um processo gradual de descobertas, explorando variadas alternativas, até chegar ao valor terapêutico do *insight* da ação e da Catarse de Integração (que definirei posteriormente), mediante sua práxis cotidiana. Isso é o oposto da abordagem psicanalítica, na qual a reflexão precede a ação, o que leva à compreensão de seu confronto com as idéias freudianas. Moreno elaborava suas teorias experimentando-as ele próprio, no palco, em interação com um grupo, o que vem de encontro à proposta da Psicanálise, por ser um método que valoriza a ação mais orientada, predominantemente grupal, e fincado na realidade imediata.

Em 1924, Moreno passou por uma fase de intensos questionamentos e auto-análise, pensando em ser mais cauteloso em suas intervenções e em abandonar a Áustria, pois se sentia incompreendido. Neste ano, ainda publica *O teatro da espontaneidade*, no qual tenta sistematizar suas idéias, aproximando o Teatro e a Psicoterapia. Neste livro, Moreno afirma:

> O teatro das coisas últimas não é a repetição eterna do mesmo, por necessidade eterna (Nietzsche), mas o oposto disso. É a repetição auto-gerada e auto criada de si mesmo (1984, p. 78).

Em 1925, emigra para os Estados Unidos em busca de maiores oportunidades financeiras, sob o pretexto de patentear um invento seu (aparelho que era precursor do gravador), apoiando-se no irmão William, que já havia emigrado antes dele. Nos primeiros cinco anos no novo país, passou por momentos financeiros difíceis e de intensa reflexão, até obter o reconhecimento de seu título de médico e, assim, poder trabalhar e expor suas idéias inovadoras.

Algumas mulheres (além de Marianne, que foi por ele abandonada) foram de crucial importância em sua vida, concedendo-lhe ajuda emocional e profissional. Conheceu Beatrice

Beecher, que se interessou por seus trabalhos sobre a Espontaneidade infantil, oferecendo-se a casar-se com ele, como meio de ajudá-lo a obter a legalização da condição de imigrante nos Estados Unidos. Casaram-se em 1929 e divorciaram-se em 1934, como combinaram, após ele receber o visto. Outro grande apoio em sua vida foi o da cientista social Helen Jennings, pois mediante ela Moreno conseguiu realizar alguns trabalhos, publicar obras e estabelecer contatos importantes, inclusive com os psicólogos sociais americanos.

Os vinte anos que se seguiram foram de sucesso pessoal e profissional. Em 1927, recebe o certificado para praticar Medicina em Nova York e, nesse ano, dá-se a primeira apresentação de Moreno fora da Europa. O termo "Psicoterapia de Grupo" é introduzido por ele no meio científico em 1931, em sua primeira participação em uma reunião da Associação Psiquiátrica Americana. Inaugura o Teatro do Improviso e publica a revista *Impromptu* (Improviso), primeira do gênero sobre o assunto. Nesse ano ainda trabalha em uma pesquisa sociométrica, analisando as relações interpessoais em uma prisão americana.

Em 1932, passa a ser diretor de Pesquisa na Escola de Reeducação de Jovens, localizada em Hudson, em Nova York. Os trabalhos de Moreno são voltados para a investigação e mensuração das relações interpessoais, firmando-se assim os métodos da Sociometria. Nesse novo país, onde o positivismo e o pragmatismo imperavam, para fazer-se respeitar no meio científico, teve de renunciar temporariamente às suas idéias mais inovadoras, preocupando-se em fundamentar suas teorias com o apoio da Estatística e da Matemática. Destarte, criou o Teste Sociométrico e aplicou-o em algumas instituições, sendo aceito por esse motivo como um representante da Psiocologia Social, então ramo emergente.

Publica em 1934 *Who shall survive?* (Quem sobreviverá?), lançando as bases de sua teoria sociométrica. Neste livro, volta a insistir na tese de que sobreviverá quem deixar de ser robômato e puder criar, não se submetendo às conservas. Insiste no fato de que não é necessário que Religião e Ciência estejam em oposição. Apresenta ainda os resultados de sua pesquisa em

Hudson, mediante diagramas sociométricos e análises estatísticas na área da microssociologia. A repercussão dessa obra foi grande, de modo que, em 1937, foi convidado a lecionar Sociometria na Escola de Pesquisa Social de Nova York.

Em 1936, Moreno muda-se para a Beacon House (Nova York) e constrói aí um sanatório e o primeiro Teatro de Psicodrama, onde, até 1982, funcionou o Centro de Formação de Profissionais em Psicodrama. Também aí se realizavam, sob a sua direção, sessões semanais de Psicodrama Público (que duravam cerca de 4 a 6 horas, pois tinham normalmente horário para iniciar, mas não para serem concluídas). Nesse momento de sua vida, Moreno está mais amadurecido em seus conceitos teóricos e técnicos, começando a obter certo respeito no meio psiquiátrico. Esse ano foi considerado o mais importante de sua vida, pois o Centro disseminou suas idéias para o resto do mundo, atraindo não só alunos, como também famosos psicoterapeutas, como Fritz Perls, S. H. Foulkes, Anne Ancellin Schutzenberger e Eric Berne. Moreno fez referências a Beacon em seus escritos autobiográficos:

> Tive a brilhante idéia de voltar às fantasias da minha infância. Naquele tempo, queria ensinar às crianças como se fazerem Deus. Agora, quis começar com os adultos, aqueles mais doentes mentalmente, a fim de curá-los por meio do Psicodrama. Ali, eu era "Deus" usando o Psicodrama como um remédio cósmico (apud Marineau, 1992, p. 143).

Assim, o palco de Beacon tornou-se o lugar onde todos poderiam explorar suas verdades, ideais, sonhos e fantasias, dramatizar sua vida passada, presente e imaginações futuras. Não havia espectadores, pois todos se envolviam e se comprometiam. Baseado em Beacon e no Instituto que criou em Nova York, os palcos de Psicodrama passam a ser desenvolvidos em muitos hospitais e universidades nos Estados Unidos. Em 1937 funda a revista *Sociometria* (que lhe deu a vantagem especial de publicar suas pesquisas) e, no ano seguinte, casa-se com Florence Bridge, uma jovem médica 25 anos mais jovem que ele (com quem teve uma filha), que muito o admirava, identificando-se com seu aspecto divino. No entanto, ela não era a musa que Moreno desejava, nem uma co-criadora, de modo que aos poucos ele foi afastando-se dela, separando-se após 10 anos de união.

Em 1941, conhece a holandesa Celine Zerca Toeman, por quem se apaixona à primeira vista. Compartilhavam a mesma herança euro-judaica e, apesar de ela ser 20 anos mais jovem, comungava intensamente com suas idéias. Moreno descobriu em Zerca sua musa e parceira ideal para seu futuro. Ela tornou-se aos poucos seu "alter-ego", sua inspiração, co-terapeuta e parceira nas pesquisas e publicações seguintes. Zerca contribuiu muito para o desenvolvimento do Psicodrama. Casaram-se em 1949 e tiveram um filho, Jonathan (que se tornou psicodramatista). Moreno aplicou suas teorias de *role-playing* na educação de seus filhos, escrevendo inclusive um livro a esse respeito e usando a família como laboratório vivo.

Nos Estados Unidos, Moreno desenvolveu suas idéias em três direções: da Sociometria, do Psicodrama e da Psicoterapia de Grupo, deixando um pouco de lado sua noção de divindade, pois essa linguagem seria inacessível aos sociólogos e psiquiatras. Em 1942 funda a Sociedade de Psicodrama e de Psicoterapia de Grupo e, em 1945, a Associação Americana de Sociometria. Dois anos depois cria o *Jornal de Psicoterapia de Grupo, Psicodrama e Sociometria*. Em 1946 publica o livro *Psicodrama* (sua obra mais conhecida), com a ajuda de Zerca. No prefácio, escreve:

> Deus é espontaneidade. Daí o mandamento: sê espontâneo (Moreno, 1975).

Em 1959, Moreno publica *Fundamentos do psicodrama* e, em 1969, *Psicoterapia de grupo e psicodrama*. Dedica-se também ao Teatro de Psicodrama de Harvard e participa de vários Congressos Internacionais de Psicoterapia de Grupo. Finalmente, ocorre em 1964, em Paris, o primeiro Congresso Internacional de Psicodrama, por ele organizado. Recebe o título de doutor *honoris causa* da Universidade de Barcelona em 1968.

Analisando sua vida, vê-se como Moreno valeu-se da aspiração de cumprir uma missão religiosa, com o Hassidismo e o

Seinismo de sua adolescência. Mas, com o tempo, abraçou o mundo do teatro, chegou ao científico pela Medicina e realizou seu ideal terapêutico-social, sem nunca ter renegado suas crenças básicas:

> Os anseios místicos de minha juventude nunca me abandonaram. Devo minha produtividade científica à religião, pela qual entrei na vida. Meu conceito do universo de Deus foi o esquema básico, o guia ontológico, segundo o qual moldei a Sociometria (Moreno, apud Almeida, 1991, p. 73).

Sua experiência não foi adquirida em laboratórios, mas sobretudo no Teatro espontâneo e com os marginalizados e oprimidos: crianças de rua, prostitutas, refugiados de guerra, jovens delinquentes internos, loucos. Amou mais a estes que ao mundo acadêmico-científico. Apesar disso, ele se fundamenta na Psicologia Social, na dinâmica do pequeno grupo e nas inter-relações humanas. Embora as exigências racionais o tenham absorvido, criando técnicas e testes, métodos quantitativos, nunca perdeu o sentimento de fé no potencial humano e em sua busca cósmica. Desenvolveu um método que privilegia o lado dionisíaco da vida, o lúdico e a alegria. Propunha-se com isso possibilitar a experiência do encontro télico, para permitir novas possibilidades existenciais. Por tudo isso, Moreno foi criticado com vigor no meio científico e relegado por muitos à categoria de místico e de "megalomaníaco".

Por descender de uma linha de judeus sefardistas, que tinha grande preocupação com o problema do Messias, o papel messiânico era intimamente familiar a Moreno. Segundo observa seu filho Jonathan, no prefácio de sua autobiografia:

> O papel messiânico dava forma ao seu estilo pessoal expansivo, gregário, compassivo e à tendência dos outros a admirarem-no por seu carisma. Ele disse, refletindo retrospectivamente, que poderia ter entrado em uma verdadeira psicose quando jovem, mas pelo fato de isso não ter ocorrido, não há necessariamente algo patológico nas preocupações messiânicas. Mais propriamente, elas podem ser vistas como expressões de hipercriatividade. Antecipando os recentes movimentos antipsiquiátricos, o objetivo de Moreno nunca foi atingir uma certa normalidade fic-

tícia, mas sim treinar em níveis mais altos de Espontaneidade, para que, quando pronto, o protagonista pudesse descartar este papel por um outro (Moreno, 1997, p. 9).

Em seus últimos anos de vida, dedicou-se a manter diálogos com terapeutas de outras linhas, a fim de esclarecer os fundamentos de sua proposta como pesquisador e psicoterapeuta. Estruturou sua obra, com a colaboração de sua esposa Zerca Moreno, definindo-a como Socionomia (ciência que estuda as relações sociais). Seu projeto socionômico é subdividido em: Sociometria (que mede as relações sociais); Sociodinâmica (que estuda a dinâmica das relações); Sociatria (que se ocupa do tratamento das relações, incluindo nela o Psicodrama, o Sociodrama e a Psicoterapia de Grupo).

Sua morte se dá em 14 de maio de 1974, aos 85 anos de idade. Seu último pedido foi que, em sua sepultura, fosse inscrita a frase:

> Aqui jaz aquele que abriu as portas da Psiquiatria à alegria.

Sua avidez por se mostrar criador, seu vigor e originalidade de pensamento que se impunham em ação, sua atração por ser o centro das atenções, seu espírito de "fundador" e sua identificação com a divindade, no entanto, foram antes de mais nada importantes fatores propulsores de sua vida e obra. Viveu muitas crises e fracassos, mas superou-se, desempenhou sua jornada heróica, prevalecendo no final o "criador" e os grandes arquétipos do *Self*: o "Mago-Bobo-Sábio" (utilizando-se de linguagem junguiana). Foi bastante acusado de ser utópico, romântico, ingênuo e visionário, por acreditar nas possibilidades infinitas de seu projeto socionômico para preservar o futuro da humanidade. Afirma no seu livro *The future of man's word*, de 1947 (p. 21, sem tradução para a língua portuguesa):

> O homem deve tomar seu próprio destino e do universo em suas mãos, no âmbito da criatividade, como um criador. Não é suficiente o controle técnico [...] e o político [...]. O futuro do mundo depende do contra-armamento elaborado pela Sociometria e Sociatria (Moreno, apud Marineau, 1992, p. 129).

Moreno foi seu mais severo crítico, admitindo em relatos pessoais ter fracassado em sua pretensão de transformar o mundo, sentindo-se não um super-homem, mas um ser humano limitado, cujo desafio era permanecer criador. Um dos fatos que mais abalou sua vida pessoal foi ter de testemunhar, impotente, a amputação do braço de Zerca, conseqüência de um câncer no osso do ombro. Ele afirmou a respeito:

> De minha parte, senti-me como Jó. Com a doença de Zerca, tive o reverso do *Godplayer* – a humildade (Moreno, 1997, p. 148).

Por conta de sua personalidade extrovertida e dramática, assim como por inúmeras circunstâncias de sua existência, desenvolveu o método da expressão psicodramática para promover a realização do ser humano e dos grupos. Sua própria vida exemplifica a busca de um palco. Tinha, sem dúvida, um desejo pessoal de representar Deus e realmente o vivenciou, mas talvez, graças ao Psicodrama, pôde dominar sua suposta "megalomania".

Contribuições mais importantes de Moreno

A teoria psicodramática tem gerado divergências, talvez até mesmo por problemas de tradução dos trabalhos de Moreno.

Aparentemente inacabada, sua obra é sempre recriada por seus seguidores e esta parece ter sido sua intenção.

Por outro lado, o furor crítico de Moreno e sua inquietude não facilitavam as coisas; nem sua afiliação a determinada linha metodológica, nem a clareza na comunicação.

Para ele, o Psicodrama deveria ser vivenciado e não transformado em uma Conserva Cultural:

> Moreno valorizou mais a experiência que os livros, a ação mais que as palavras, e tinha uma antipatia pelo que designou Conserva Cultural [...]. Foi um pensador prolífico, extrovertido, gostava de expor suas idéias, mas sempre preferindo escrever sobre uma experiência após tê-la realmente posto em prática (apud Marineau, 1992, p. 40).

Como psiquiatra, Jacob Levy Moreno demonstrou interesse pelas formas de relacionamento humano que contribuíssem para a compreensão, a melhora, a "cura" ou o conforto de seus pacientes, privilegiando o tratamento em grupo. Segundo seu filho Jonathan Moreno, ele possuía uma confiança ilimitada no potencial humano:

> Sua confiança no poder curativo do tratamento em grupo baseava-se em sua crença de que principalmente o amor humano altruísta é um recurso infinito. A inspiração de Moreno provinha mais das tradições religiosas, da filosofia grega e do drama clássico, que da ciência social moderna e da Psiquiatria, embora fosse um incansável estudioso desses campos (apud Moreno, 1997, p. 7).

Bastante influenciado pela religião judia hassídica, pela Filosofia (o Existencialismo heróico vienense), pela Fenomenologia, pelo Teatro de Vanguarda e pelas questões políticas, sociais e econômicas do fim do século XIX e início do XX, Moreno buscava resgatar a espontaneidade e a criatividade do ser, quando criou o Psicodrama.

O conceito de Espontaneidade é central no pensamento moreniano e dominou toda a sua pesquisa, durante sua vida. Segundo ele, Espontaneidade é definida como a capacidade de responder de forma nova às situações recentes ou às situações antigas. Espontaneidade, criatividade e sensibilidade seriam recursos inatos do homem, que desde o início, estariam acompanhados tanto de fatores favoráveis ao seu desenvolvimento, quanto de tendências destrutivas. Entre as últimas tendências estariam as Conservas Culturais, ou seja, padrões de comportamento estereotipados, com valores e formas de participação na vida social que acarretam a automatização do ser humano. O Psicodrama propõe-se a preparar o homem para não se submeter a essas Conservas Culturais, mas a desenvolver seu potencial espontâneo-criativo com base nelas. É preciso manter um eterno diálogo entre Conserva e Espontaneidade em todos os âmbitos da existência, para não haver a asfixia e a massificação das subjetividades, perdendo estas seus mutáveis referenciais.

Para Moreno, segundo Moysés Aguiar,

O homem que não encontrou sua liberdade, subordinando-se, impotente e inerte, às forças externas que o determinam, é o homem amarrado, travado, repetitivo, não espontâneo. Por outro lado, a perda da dimensão coletiva, tanto quanto a cegueira por sua inserção cósmica, pode acarretar-lhe equivalentes prejuízos, eventualmente observáveis em um individualismo exacerbado, talvez no assim chamado espontaneísmo (a não-espontaneidade) (1990, p. 143).

É importante na teoria moreniana a noção de homem como portador de uma "centelha divina" de criatividade-espontaneidade, um "gênio criador", indefinido, indeterminado e em eterno devir. Basicamente, um ser em relação, que se constrói por meio de seus vínculos, inserido em um contexto sócio-histórico, político-social e psicológico.

Moreno também adotou em sua obra uma atitude essencial, que denominou Filosofia do Momento, que privilegia o tempo presente (aqui-e-agora), vivido da experiência subjetiva. Para esta filosofia, o futuro e o passado só têm importância se constituírem o presente. Segundo o psicodramatista Eugênio Garrido Martín,

> Moreno procura surpreender as coisas no momento privilegiado do nascer, do seu começar, do engendrar-se, antes que o pensamento, a palavra ou a Cultura as fossilizem e as transformem em uma lembrança histórica e vazia, em uma Conserva [...]. Com a sua concepção evolucionista e otimista do mundo guiado pelo "élan vital" da Espontaneidade, Moreno, como Bergson, lança o homem na cosmogonia total (1996, p. 18).

O Momento moreniano é o tempo que é de fato vivido pelo indivíduo, e não só percebido ou construído. É uma espécie de estado inconsciente privilegiado e raro, original; o momento de ser, viver e criar, diametralmente oposto à Conserva Cultural. Segundo Moreno,

> de tempos em tempos podem surgir momentos que se convertem em *status nascendi*, e que lançam a pessoa em novos caminhos de experiência, ou como digo freqüentemente, em um novo papel. [...]. A categoria do Momento só tem significado em um mundo aberto, isto é, em um Universo em que haja lugar para a mudança e o novo (1975, p. 152).

Estudos biográficos afirmam que Moreno recebeu influência de grandes filósofos existencialistas, embora não tenha admitido em vida tais influências e as questionasse sempre; entre eles, Kierkegaard (criticando-o por ter sido mais um analista da existência e um "psicodramatista frustrado"), Nietszche e o filósofo hassidista Martin Buber (em quem se baseou para elaborar o conceito de Encontro Existencial Eu-Tu).

Segundo Martín, Moreno em sua juventude sentiu-se uma espécie de reencarnação do Baal Shem (criador da seita hassídica). Acreditava na onipresença divina no mundo, por meio de sua criação, e na máxima hassídica de que "nada existe onde não esteja Deus" (1996, p. 29). Tal corrente religiosa propunha ser necessário prescindir das palavras, dos livros e intermediários para chegar-se a Deus e comunicar-se com ele diretamente, por meio do sentimento, do silêncio, da alegria, da intuição, da dança, do canto e da arte. A missão de um *zaddik* (apóstolo ou profeta do Hassidismo) era mostrar aos homens a centelha de Deus que existe em todo ser criado. Desse modo, Moreno em sua juventude exercitou a missão de um *zaddik* e, depois, criou sua obra (sua missão terapêutica e social) para cumprir essa missão de apóstolo. Por outro lado, inspirou-se também na figura de Jesus Cristo, a quem comparou com um ator psicodramático. Enfim, chegou a afirmar que devia sua produção científica à religião e que é no terreno espiritual que melhor prospera a ciência.

Outra importante base do Psicodrama é a Teoria dos Papéis. O conceito moreniano de Papel pressupõe inter-relação e ação complementar (com um contra-papel), e é definido como a "menor unidade observável da conduta". Para ele, o Eu é estruturado com base nos papéis, que podem ser psicossomáticos, sociais e psicológicos (ou psicodramáticos). O Psicodrama está centrado também em uma teoria da Cena, pois é nela que os papéis são dramatizados, tornando-se a cena a invariante máxima e a essência metodológica do Psicodrama. A cena psicodramática é o local da transformação e seu principal instrumento de ação ideológica, pois é nela que o Psicodrama oferece a oportunidade social e de investigação do Inconsciente (Massaro, 1996).

Na teoria moreniana há um conceito importante e fundamental: o fator Tele. De acordo com Gonçalves et al. (1988), Moreno definiu a Tele como a capacidade de se perceber, de forma objetiva, o que ocorre nas situações e o que se passa entre as pessoas. Ou ainda, seria a empatia ocorrendo em duas direções. É o fator télico que permite que o Encontro moreniano aconteça. Esse Encontro, por sua vez, é muito mais que uma simples reunião entre duas pessoas, é uma experiência privilegiada, um momento de plena compreensão mútua. Moreno definiu os estados co-conscientes e co-inconscientes, como o que se verá citado a seguir por Almeida:

> Interessado em resgatar a percepção télica, Moreno deteve-se nos fenômenos que ocorriam nas ligações profundas entre pessoas. São, por definição, aqueles em que os participantes têm experimentado e produzido conjuntamente e que, portanto, só podem ser reproduzidos ou representados conjuntamente. O co-inconsciente refere-se a vivências, sentimentos, desejos e até fantasias comuns a duas ou mais pessoas que convivem (1988).

Em sua proposta metodológica, Moreno salientou a importância de se pensar a interação humana, bem como a abordagem do relacionamento bipessoal e grupal, dando ênfase ao tempo presente, às correntes afetivas, como estão sendo transmitidas e captadas no aqui-e-agora, em seu *locus*, matriz e *status nascendi*. Deu ênfase ao grupo porque, nessa microrrealidade, o indivíduo se encontra em um ambiente tão real quanto a vida, sendo sua preocupação aproximar o seu método psicoterápico da própria vida. Abandonando as investigações teorizantes, desejava que seus pacientes vivenciassem a realidade, sendo assim fiel aos princípios do Existencialismo, mas tentando ultrapassá-lo. Segundo ele,

> a debilidade da análise existencial consiste em que, tendo desenvolvido um sistema filosófico, não foi capaz de criar uma tecnologia própria. Porém, parece-me que a tecnologia que melhor responde às exigências da análise existencial já existe: o Psicodrama (Moreno, 1980, p. 152).

Para ele, o ponto de partida para o processo de definição do indivíduo como tal é a Matriz de Identidade. Ela é didaticamente dividida em dois universos. O primeiro é subdividido em dois tempos: o período de Identidade Total Indiferenciada (no qual a criança não diferencia pessoas de objetos, nem fantasia de realidade, em que só há o tempo presente); e o período de Identidade Total Diferenciada ou Realidade Total (no qual se inicia o processo de diferenciação entre objetos e pessoas). O segundo universo da Matriz de Identidade, por sua vez, inicia-se quando aparece a "brecha" entre fantasia e realidade, possibilitando a diferenciação entre o que é real e o que é imaginário, a evolução da percepção télica (que permite um maior reconhecimento do Eu e do Tu), além da adoção de papéis sociais e psicodramáticos. Esse processo culminaria com a adoção de Matriz Social, a maior capacitação de estabelecer vínculos télicos, inverter papéis com autenticidade e vivenciar Encontros Existenciais.

A teoria da Matriz de Identidade parece, para muitos críticos, repetir uma visão reducionista das já consagradas teorias sobre o desenvolvimento infantil, sem considerar as tensões indivíduo-coletividade. No entanto, a Matriz de Identidade pode ser entendida como um fenômeno típico de aquecimento, que inclui as contradições próprias da vida. O nascimento pode ser tomado como um paradigma de Espontaneidade, que coloca o indivíduo em um conjunto de relações marcadas pela Conserva Cultural, que funcionará como obstáculo à Espontaneidade inicial. Este processo mostra como o comprometimento do indivíduo com o meio provoca, necessariamente, alterações, pois as ações humanas são complementares e a Espontaneidade passa a ser articuladamente coletiva, uma co-criação.

Portanto, para Moreno, a busca da saúde confunde-se com a busca da autodeterminação, responsabilidade e espontaneidade-criadora. Para alguns autores psicodramatistas, é enfatizada como objetivo terapêutico uma "rematrização da identidade" (Fonseca, 1980). Esta seria, segundo Moysés Aguiar,

> não uma volta ao passado, para corrigir o que ficou malfeito ou incompleto, mas uma reconquista do presente, pela re-inserção, nos seus enquadres próximos e remotos, da parte perdida e alienada (1990, p. 147).

Moreno desenvolveu suas técnicas psicodramáticas básicas inspirado nas etapas da Matriz, dividindo-as em três tipos: Duplo (ou fase da Indiferenciação); Espelho (ou fase do Reconhecimento do Eu); Inversão de Papéis (ou fase do Reconhecimento do Tu).

Foram essas fases que deram origem às três técnicas clássicas do Psicodrama (Cukier, 1992, p. 41-4): Técnica do Duplo: por meio dela, o terapeuta assume, por um pequeno instante, o papel do paciente e, pelas verbalizações breves e precisas, mostra-lhe o que percebe. É uma técnica "quase interpretativa", podendo ser reveladora de aspectos inconscientes; Técnica do Espelho: consiste em o terapeuta ou ego-auxiliar colocar-se na postura física que o paciente assume em determinado momento. O objetivo é permitir que o paciente, olhando para si, de fora da cena, atine com todos os aspectos presentes nela e com sua reação diante desses aspectos; Técnica de Inversão de Papéis: essa técnica propicia, além da vivência do papel do outro, o emergir de dados sobre o próprio papel que, sem esse distanciamento, não seria possível. A consigna, nesse caso, é que o paciente represente o papel de alguém. O terapeuta utiliza-se da técnica de entrevista no papel representado, para que facilite a composição do personagem pelo paciente. Essa forma descrita é uma variação da técnica utilizada em psicoterapia bipessoal, pois, segundo Moreno, essa técnica só se torna possível quando os papéis a serem invertidos são dramatizados pelas próprias pessoas envolvidas.

Além do verbal, a teoria de Moreno envolve o não verbal, ou a Ação Dramática, cujo objetivo terapêutico é provocar as Catarses de Integração. Essa catarse é a mobilização de afetos e emoções ocorridas na inter-relação, télica ou transferencial, durante a dramatização. Ela possibilita ao paciente a classificação intelectual e afetiva das estruturas psíquicas, que impedem o desenvolvimento de papéis psicodramáticos e sociais. O processo de integração é, ao mesmo tempo, crítico e avaliador do passado, para redimensionar novas possibilidades para o presente (este conceito será mais desenvolvido no capítulo 2).

O Psicodrama trabalha com cinco instrumentos clássicos: protagonista, o que emerge com maior emocionalidade, trazendo um tema do co-inconsciente ou do co-consciente grupal; cenário ou palco (espaço tridimensional, virtual, no qual irá desenrolar-se o drama); diretor, que em geral, no caso do Psicodrama Terapêutico, é um psicoterapeuta; ego-auxiliar, que é outro profissional, geralmente terapeuta, que trabalha em co-direção ou em unidade funcional com o diretor. Ele desempenha os papéis requeridos pelo mundo interno do paciente, além de atuar como observador e analista social, no caso de grupos; público ou platéia, que é o grupo presente e que participa com itensidade.

O protagonista, segundo Moysés Aguiar, traz a sua dor,

> que o faz objeto da solidariedade coletiva, encarna e expressa os conflitos e contradições do grupo, em um evento mágico: um dos membros empresta o seu corpo, a sua memória, a sua história pessoal, a sua privacidade e seus sonhos, para um grupo como um todo, recebendo em troca todas as virtualidades do co-inconsciente para desvelar o seu drama único e permitir à coletividade a elucidação do drama comum (1990, p. 148).

Segundo o psicodramatista Alfredo Naffah Neto (apud Aguiar, 1990, p. 18-9), a formulação do fenômeno "protagonismo", por si só, já serviria para justificar toda a trajetória de Moreno, tal a amplitude da descoberta e suas implicações no âmbito das ciências humanas. Revisando a origem do termo, no contexto da tragédia grega, o protagonista era um herói, o primeiro combatente que "agonizava" (meio humano, meio divino) em luta contra o destino. A tentativa do protagonista era de se desapropriar das forças divinas, instituindo a vontade própria, como um genuíno porta-voz dos anseios e aspirações humanas. Moreno resgatou a noção de protagonista do universo mítico-trágico para o âmbito filosófico-científico, deixando evidente que os anseios humanos, conscientes e inconscientes, podem condensar-se em um porta-voz, cuja ação e discurso representam uma multiplicidade que transcende seus limites individuais egóicos. O protagonista passou a ser um emissor do co-inconsciente, formado por múltiplas histórias e pré-histórias, por um emaranhado de forças coletivas a des-possuir a ação própria de um sujeito, rompendo com seus limites, não só conscientes como pessoais, e fazendo dele uma expressão de forças anônimas. Segundo Naffah Neto, esse conceito não poderia ter sido aceito pela cultura científica da época, de modo que Moreno ficou marginalizado, sendo mais tarde o inspirador das práticas e formulações antipsiquiátricas.

A noção de Ação Dramática denuncia uma concepção trágica de mundo que observamos na origem do pensamento moreniano. Ao criar o nome do método – Psicodrama – ele já indica que seu objeto de pesquisa é o drama da *Psychê*. E drama, em grego, quer dizer ação, em dois sentidos: ação "já realizada" e "se fazendo". Passado e presente debatendo-se em uma só palavra ambígua, em uma concepção em que há o conflito contínuo entre o destino divino e o desejo humano. Portanto, a Ação Dramática carrega, necessariamente, ambigüidade e contradição e, nesse movimento, desvela e transforma. Assim, a cena trágica do Psicodrama tem por objetivo desvelar a tensão dialeticamente complementar entre *Ethos* e *Daimon*, entre a fala do homem e a fala dos deuses. A encenação do Psicodrama não deve ser confundida com um "teatrinho", ou seja, recurso técnico, como é muito utilizada por várias correntes terapêuticas, que nada têm em comum com o Psicodrama como proposta e projeto ontológico. Citando as palavras da psicodramatista Gecila Sampaio Santos:

> o ser psicodramático carrega singularmente um ser enredado e descentrado. A cena psicodramática ilumina a heteronomia do ser (apud Aguiar, 1990, p. 138).

Em geral são três as etapas de uma sessão psicodramática: *aquecimento, dramatização* e *compartilhar*. O Aquecimento de uma sessão de Psicodrama pode ser específico ou inespecífico. O inespecífico visa a situar o paciente na sessão, focando sua atenção em si mesmo e aquietando suas resistências em adentrar no novo que toda sessão traz. Ele pode ser verbal ou em movimento, que envolve caminhar, alongar, massagens, respiração, uso de jogos dramáticos etc. O aquecimento específico é feito em seguida ao inespecífico, já com um protagonista escolhido pelo grupo, e focaliza-se sobre seu tema emergente (pessoal, no caso do Psicodrama Bipessoal) ou o do grupo (no caso do Psicodrama Grupal).

A Dramatização propriamente dita pode ser feita em cena aberta, em Dramatização Internalizada ou mediante um Psicodrama Interno. No primeiro caso, é o psicodrama clássico, tal como foi desenvolvido por Moreno, quando se faz necessária a montagem do cenário no qual a ação acontece, a definição do tempo em que ela se passa, a colocação dos personagens envolvidos e a interação entre eles. Já a Dramatização Internalizada é uma técnica desenvolvida pelos pós-morenianos, envolvendo uma ação simbólica, em que o paciente pensa, visualiza uma imagem ou uma cena, depois vivencia a ação em sua mente, mas não a executa corporalmente. O Psicodrama Interno é outra técnica semelhante à anterior, só que não parte de uma cena específica, ficando o paciente entregue às suas fantasias espontâneas e deixando-se guiar por elas (muito semelhante à Imaginação Ativa desenvolvida por Jung). É fundamental nessas duas últimas abordagens fazer uso do relaxamento corporal de início, para que auxilie o contato entre o paciente, seu mundo e seus personagens internos. Contudo, para que seu objetivo seja alcançado, é importante que haja forte vínculo de confiança entre paciente e terapeuta, em que a percepção télica prevaleça (este conteúdo será mais desenvolvido no Capítulo 3).

Portanto, a etapa de Dramatização é a que o paciente traz para a ação algo que aconteceu ou que gostaria que tivesse acontecido, ou ainda algo que queria modificar. E a etapa final, do Compartilhar, visa à exposição de seus sentimentos sobre o que foi vivido antes, a troca de experiências entre os protagonistas, a platéia e os terapeutas-diretores de cena. É a fase da elaboração verbal, em que pode ser possível ter *insights* (uma compreensão psicodinâmica) e estabelecer amplificações a respeito do conteúdo emergente na sessão, em níveis diversos (sociopolítico-econômico, cultural, mítico, religioso etc.).

Para Moreno, o palco psicodramático deixa de ser um espaço físico para ser um espaço simbólico. É nele que se delineia a categoria da ação genuinamente dramática, quando o protagonista assume a consciência trágica, pela descoberta da ambigüidade e das contradições, e abandona, portanto, as certezas absolutas, percebendo-se no impasse de seus opostos. Ao ir apropriando-se de sua história, clareia a história coletiva da qual é porta-voz. Na cena psicodramática,

> o desejo se realiza em ato e, assim fazendo, constrói o real, enquanto produtor de sentido humano. E se constrói, dando um sentido a si mesmo (Massaro, 1996, p. 22).

Enfim, na cena psicodramática se é colocado em estado criador, para o Inconsciente funcionar com naturalidade.

Moreno afirmava que, no Teatro Terapêutico, realidade e ilusão são uma coisa só. Já Merleau Ponty afirma que:

> o Psicodrama, se não se passa no real, tampouco se passa no imaginário; passa-se antes na ordem do Mito. É o desdobramento dos conflitos reais, quando possível com seus atores reais, em um domínio neutralizado pela presença de outros e do médico, e onde, conseqüentemente, os estreitamentos podem ser ultrapassados e a espontaneidade mobilizada (apud Naffah Neto, 1979, p. 109). Assim, continua Naffah (1979), o Psicodrama promove um movimento espontâneo-criador que é a abertura ao real e ao imaginário, mas diferenciando as duas dimensões. Portanto, a cena nos coloca no ato criador, no fluxo espontâneo que permite a Catarse de Integração (conceito mais bem explicitado em capítulo posterior). Enfim, a cena psicodramática conduz ao contato com o que Deleuze e Guatari denominam de "estranhos-em-nós", as indeterminações, permitindo uma objetivação das singularidades dispersas e o conseqüente ganho de subjetividades (Massaro, 1996).

Apesar da riqueza e variedade das técnicas psicodramáticas, a obra moreniana é bem mais ampla e envolve o arcabouço da Socionomia. Viu-se quanto as bases filosóficas do Psicodrama receberam influência do Existencialismo, do Hassidismo e seu método foi inspirado na Fenomenologia, embora hoje Moreno também seja considerado um construcionista, como explicitarei no Capítulo 2. Seu método é sobretudo de ação, mas não se limitando a ela, integrando-a à palavra e às imagens simbólicas. No entanto, alguns autores situam Moreno quase exclusivamente no campo da Psicologia Social, uma vez que ele criou métodos sociométricos e conceitos como o de átomo social, rede sociométrica, papel social, tele etc. Ele próprio declarou que a Sociologia deve à Socionomia algumas de suas leis, como: da gravitação ou mobilidade social; lei sociogenética; teste das configurações sociais; lei do átomo social e fenômeno da telerelação (Martín, 1996, p. 33). Moreno considerava a Socionomia uma síntese utópica entre o Socialismo Científico (o Comunismo revolucionário) e a Sociologia francesa. Criticava ainda Karl Marx por este buscar a explicação do mundo social:

> recusando-se a considerar o indivíduo como um ser dotado de energia psicológica e a considerar a sociedade como realidade complexa, móvel, continuamente atravessada por correntes psicológicas e constituída pelas redes que formam essas correntes (ibidem, p. 35).

Mas, por muitas razões, Moreno não pode ser considerado um sociólogo "de escola", ou de formação. Sua essência sociológica foi temperamental, pois sua energia psíquica fluía para fora e seu interesse se centrava nas pessoas, na ação, na crítica aos sistemas estabelecidos e nas Conservas Culturais.

Por esses princípios anteriormente relatados, a ética psicodramática é fundada nos heróis, santos, revolucionários, pois deverá estar sempre em movimento espontâneo e em uma dinâmica criadora, em benefício do resgate da liberdade. Uma ética que se dedica à transformação do homem, rompendo padrões estereotipados de comportamento, resgatando a alegria em seu cotidiano. Segundo o psicodramatista Castello de Almeida:

> Com o Psicodrama a alma será lançada na busca do sonho, projetada no tempo e no espaço, para a frente, onde a meta se encontra: a fantasia é o alvo a ser atingido, pois é o primeiro passo para a realização do desejo: tratar os pequenos grupos sociais e, a partir daí, toda a humanidade. A ética psicodramática se chama revolução criadora (Almeida, 1991, p. 73).

Dados biográficos do criador da Psicologia Analítica

Minha vida e minha obra são idênticas
C. G. Jung.

Carl Gustav Jung foi um psiquiatra suíço, de ascendência alemã, que nasceu em 26 de julho de 1875, na aldeia de Kesswil, filho de Paul Achilles Jung (1842-1896) e Emilie Preiswerk (1848-1923). Morreu em 1961, aos 86 anos. No lado paterno da família, havia muitos pastores e teólogos protestantes, médicos e estudiosos das culturas clássica e oriental. Sendo o pai doutor em Teologia e Filologia, Jung teve acesso na infância à literatura erudita e a experiências esotéricas, visto que, no lado familiar materno, as mulheres eram consideradas possuidoras de poderes espirituais e paranormais. Desde cedo, dedicou-se aos estudos dos mistérios da mente, destacando-se depois como aplicado pesquisador no ramo da Medicina.

Distante, a exemplo do que se viu anteriormente na biografia de Moreno, também Jung foi guiado em sua vida e obra por seu lado espiritual, sendo este talvez o ponto de semelhança mais evidente na história de ambos. Apesar de serem homens de ciência, foi a vivência da alma, para os dois, a realidade mais autêntica. No caso de Jung, vários caminhos conduziram-no ao confronto com problemas religiosos: suas próprias experiências (que já o haviam colocado, desde criança, diante de visões e sonhos espirituais), que o acompanharam durante toda a vida; sua fome insaciável de conhecimento a respeito da alma e do transcendente; sua vasta curiosidade científica. Apesar da "atitude religiosa", antes de tudo, sentia-se médico, preocupado com os males do espírito. E descobriu que

> a alma cria espontaneamente imagens de conteúdo espiritual (Jung, 1963, p. 15).

Para ele, afastar-se dessa natureza humana espiritual fundamental seria a origem de inúmeras neuroses, em particular na segunda metade da vida.

No entanto, o conceito junguiano de religião difere bastante do Cristianismo tradicional, sobretudo no que se refere à resposta ao problema do Mal e à concepção de Deus (que não é considerado por ele só como bom e protetor, mas também como tentador e destruidor). Por isso, suas idéias não foram totalmente compreendidas e, apesar de se considerar cristão, era acusado pelo Cristianismo dogmático de ser um *outsider*. Sobre as inúmeras perseguições sofridas em vida, Jung desabafa:

> Na Idade Média, eu teria sido queimado (Jung, 1963, p. 15).

Ele sentia uma necessidade vital de compreender Deus com base em experiências imediatas, não se valendo de teorias. Em sua obra, fala da "imagem de Deus na alma humana", mas não ousa conceituar Deus. Por outro lado, sentia-se um predestinado:

> Acho que todos os meus pensamentos giram em torno de Deus como os planetas em torno do Sol, e são da mesma forma, irresistivelmente, atraídos por ele. Eu me sentiria o maior pecador se resistisse a esta força" (Idem, p. 16).

Assim como J. L. Moreno, Jung também se sentia dividido entre o homem religioso e o homem de ciência, dando em segredo prioridade ao primeiro, mas revelando ao meio exterior o segundo. Aniella Jaffé, colaboradora em suas memórias, assim se refere:

> No primeiro caso é o homem religioso que fala, o homem cujos pensamentos são influenciados por sentimentos poderosos e apaixonados, por intuições e experiências interiores e exteriores de uma vida longa e fecunda. No segundo caso, é o cientista que toma a palavra e suas afirmações não ultrapassam os limites do conhecimento científico, restringindo-se conscientemente a fatos demonstráveis (ibidem, p. 16).

Como se viu anteriormente, tanto Jung quanto Moreno tiveram uma infância e adolescência repletas de influências religiosas; o primeiro no Protestantismo e o segundo na seita judaica do Hassidismo e no Seinismo. Assim como Moreno, teve que vivenciar o isolamento e as críticas por seu comportamento religioso extravagante, Jung teve que passar pela árdua experiência do rompimento e do isolamento conseqüente. Filho de um pastor protestante muito culto (embora irascível, mentalmente frágil e humilde), Jung começou a desconfiar desde cedo da fé dogmática e da imagem de Cristo que lhe fora imposta:

> Só alguns anos mais tarde compreendi que meu pai evitava pensar, pois sentia dúvidas profundas e dilacerantes. Fugia de si mesmo, insistindo na necessidade da fé cega, que esperava atingir mediante um esforço desesperado e uma contração de todo o seu ser. E isto o fechava ao afluxo da graça (ibidem, p. 74).

Jung viveu muitas crises e divergências com seu pai, este vindo a falecer quando Jung acabara de ingressar no curso de Medicina, deixando a família em má condição financeira. Jung foi obrigado a solicitar um empréstimo a um tio e a trabalhar vendendo antigüidades para concluir seus estudos. No final da vida, seu pai tornara-se mentalmente frágil, irritável e insatisfeito. Jung julgava inconcebível que seu pai não tivesse a "experiência de Deus", pois para ele esta se fez evidente desde muito cedo, pelos sonhos, imaginações místicas e visões. Sentia que a Teologia o afastara de seu pai, pois prematuramente protestava contra as concepções tradicionais do Deus apresentado pela Teologia, lendo bastante a Bíblia e outros livros da vasta biblioteca paterna. No entanto, após a primeira comunhão, decepcionou-se com a falta de vitalidade da cerimônia e se afastou da Igreja. Ele descreve:

> Para mim, não se tratava de uma religião, mas da ausência de Deus. Não voltaria mais à Igreja que, para mim, não era um lugar de vida, mas de morte [...]. Senti uma piedade imensa do meu pai. Compreendi, de repente, o trágico de sua profissão e de sua existência. Ele lutava contra uma morte cuja presença não conseguia admitir (ibidem, p. 60).

Só no futuro Jung pôde entender alguns fenômenos que experimentara na infância como paranormais, visto que desde criança apresentava muitos sonhos e visões premonitórios. Relata em sua autobiografia *Memória, sonhos, reflexões* (publicada pela primeira vez em 1961, então com 83 anos), vários desses sonhos e experiências imediatas do divino. Aos 4 anos, teve um sonho estranho e angustiante com um enorme falo vivo, subterrâneo, sentado em um trono real, com apenas um olho no topo, arredondado, que se dizia um deus subterrâneo "devorador de homens". Posteriormente, aos 11 anos, sonhou com Deus no céu sentado em um trono acima da Igreja e defecando sobre seu telhado, desmoronando-a em seguida. Esses sonhos o impressionavam por revelar o lado maléfico e sombrio do divino, em oposição ao unilateralmente benéfico que lhe era imposto. Interpretou-se:

> Deus, em meu sonho, desaprovava a Teologia e a Igreja fundada sobre ela (ibidem, p. 90).

Sentia-se desde criança possuidor de duas personalidades, denominando-as personalidade número 1 e personalidade número 2. A de número 1 era para ele seu ego consciente, que mantinha contato com a realidade. Era mais exterior, desempenhava papéis como o de filho e estudante, era atenta, tímida, ansiosa, pálida e magra, que se sentia inferior perante os outros e menos inteligente, porém aplicada, decente e educada. A 2 era misteriosa e se manifestava mediante seus sonhos e experiências interiores. Era mais inteligente, secular, intemporal, vivida como um velho sábio interno. Era desconfiada e distante do mundo dos homens, pois vivia em contato com a natureza, a terra, o Sol e tudo que Deus evocava imediatamente nele. Sentia-se mais guiado pela personalidade 2, embora ambas vivessem em conflito dentro dele.

A personalidade de Jung era, assim como a de Moreno, muito controvertida. Segundo o historiador Frank McLynn, autor de uma das mais famosas biografias de Jung,

> é preciso conhecer a Suíça e sua cultura para entender Jung (1998, p. 11).

O povo suíço é politicamente conservador, místico, independente, obstinado, introvertido, orgulhoso, teimoso, xenófobo, isolado, de modos aristocráticos, autoconfiante, cheio de tenacidade, ressentimentos e mecanismos de defesa. Essas características foram, em maior ou menor grau, igualmente atribuídas a Jung, que se orgulhava de ser sobretudo suíço. Contudo, Jung era mais introvertido por vivenciar muitas experiências misteriosas que não podia compartilhar com os outros do meio social que o cercava:

> Ninguém podia demover-me da certeza de que estava no mundo para fazer o que Deus queria e não o que eu queria. Em todas as circunstâncias decisivas, isto sempre me deu a impressão de não estar entre os homens, mas de estar a sós com Deus. Este diálogo com Ele constituiu a minha mais profunda vivência: por um lado, luta sangrenta, e por outro, extremo arrebatamento (Jung, 1963, p. 54).

Sua mãe era, por ele, considerada mais forte que o pai, pois também vivenciava experiências espiritualistas e, com ela, Jung se identificava mais, a ponto de seus críticos terem afirmado que ele nunca se libertara de um "complexo materno". Descrevia sua mãe como uma mulher corpulenta, generosa, calorosa, humana, alegre e expansiva, com dons literários, bom gosto e conteúdo, tradicional; por outro lado, não convencional. Havia tido uma séria crise emocional quando Jung era ainda muito criança, quando foi internada e afastada de seu convívio. Ele acreditava que ela também possuía duas personalidades e temia a manifestação da segunda. Relatou sobre sua mãe:

> Quando criança tive sonhos de angústia motivados por ela. Durante o dia era uma mãe amorosa, mas à noite a julgava temível. Parecia então uma vidente que, ao mesmo tempo, é um estranho animal, uma sacerdotisa no antro de um urso, arcaica e cruel, como a verdade e a natureza (ibidem, p. 56).

Por ser o primogênito (tivera apenas uma irmã bem mais nova) e ter uma relação difícil com o pai, a relação de Jung com sua mãe era de cumplicidade e amizade:

> Tratava-me em geral como se fosse mais velho e conversava comigo de adulto para adulto. Contava-me talvez o que não podia confiar a meu pai, fazendo de mim, muito cedo, o confidente de suas múltiplas preocupações (ibidem, p. 57).

Essa aproximação e identificação maior com a figura materna e não com a paterna é um ponto que aproxima Moreno de Jung, como se pode observar.

Também na adolescência ambos passaram por uma espécie de "crise filosófica", buscando leituras aprofundadas não só de conteúdo religioso, mas sobretudo no campo da Filosofia. No caso de Jung foi com Goethe (ao ler *Fausto*) que encontrou inicialmente um bálsamo para sua alma inquieta:

> Disse a mim mesmo: enfim, eis um homem que leva o Diabo a sério e que efetua com ele um pacto de sangue (ibidem, p. 63).

Apesar de discordar do modo de agir de Fausto, considerou genial em Goethe a figura de Mefistófeles. Afirmou:

> Meu padrinho e mentor era o grande Goethe [...] Eu pressentia com horror que Fausto significava para mim mais do que o Evangelho de São João que eu tanto amava. Em Fausto, vivia algo que podia sentir de modo imediato. O Cristo de São João era-me estranho (ibidem, p. 85).

Suas leituras filosóficas foram vastas. Amou as idéias de Pitágoras, Heráclito, Empédocles, Platão, mas o grande achado de sua adolescência foi Schopenhauer:

> Pela primeira vez ouvi um filósofo falar do sofrimento do mundo, que salta aos olhos e nos oprime, da desordem, das paixões, do Mal, fatos que os outros filósofos apenas tomavam em consideração, esperando resolvê-los perante a harmonia e a inteligibilidade [...].Tivera a coragem de encarar a imperfeição que havia no Universo [...] e dizia, claramente, que o curso doloroso da história humana e da crueldade da natureza provinham de uma deficiência: a cegueira da vontade criadora do mundo. Tudo o que observara em minha infância confirmara esta visão [...]. Por outro lado, muitas experiências acerca dos homens contradiziam a crença em uma bondade humana original e em sua moralidade. Já me conhecia suficientemente para saber que não havia entre mim e um animal mais do que uma diferença de grau (ibidem, p. 71).

Jung aprovava sem restrições o quadro sombrio que Schopenhauer pintava do mundo, porém não concordava com sua maneira de resolver o problema, sugerindo que o intelecto deveria mostrar à vontade cega sua própria imagem, espelhando-a, para incitá-la a modificar-se. Jung considerava isso inadequado, pois já desconfiava desse intelecto.

Outras leituras filosóficas o influenciaram, entre elas I. Kant, com a *Crítica da razão pura*:

> A teoria do conhecimento de Kant significou para mim uma iluminação maior que a pessimista imagem do mundo de Schopenhauer (ibidem, p. 72).

Todavia, seu entusiasmo foi maior com Nietszche, ao ler *Assim falou Zaratustra*:

> Essa leitura, como a de Fausto, de Goethe, foi uma das minhas impressões mais profundas. Zaratustra era o Fausto de Nietszche e a personalidade número 2, o meu Zaratustra, guardadas as devidas proporções (ibidem, p. 99).

Em seu tempo de estudante de Medicina, Jung leu tudo que havia sido escrito de significativo nessa época sobre o espiritismo, da maneira como estudou os primeiros trabalhos de Freud. Depois, foi com Freud que desenvolveu as primeiras teorias psicológicas fundamentadas no Inconsciente. Ao terminar o curso de Medicina, escolheu a Psiquiatria, por considerá-la o meio para conciliar seus opostos internos:

> Lá estava o campo comum da experiência dos dados biológicos e dos dados espirituais, que até então eu buscara inutilmente. Tratava-se, enfim, do lugar em que o encontro da natureza e do espírito se torna realidade (ibidem, p. 104).

Logo no início de seus estudos médicos, interessado pela Teologia e pela Psicologia, praticou experimentos espiritualistas com uma prima considerada "médium", que apresentava transes. Sua dissertação de conclusão do curso de Medicina, orientada por Bleuler, versava sobre esses experimentos: "Sobre a Psicologia e a Patologia dos assim chamados fenômenos ocultos".

Em 1900 inicia sua carreira de psiquiatra no Hospital Burgölzli, da Universidade de Zurique, como assistente de Bleuler, com psicóticos. Publica nessa fase *A psicologia da demência precoce* (1906) e *Conteúdo das psicoses* (1908). Jung sempre teve atração especial pelo tratamento com psicóticos, talvez por conviver intimamente com sua personalidade dividida e confusa, mas sobretudo por acreditar que os enigmas misteriosos da loucura têm um fundamento psicológico compreensível:

> Em meu primeiro livro, eu propunha uma resposta à doença da personalidade, com os pressupostos de minha própria personalidade. A Psiquiatria, em seu sentido lato, é o diálogo de uma psique doente com a psique do médico, considerada "normal"; o confronto da pessoa doente com a personalidade (em princípio também subjetiva) do médico. Eu pretendia demonstrar que as idéias delirantes e as alucinações não eram somente sintomas específicos das doenças mentais, possuindo também um sentido humano (ibidem, p. 105).

Em 1905, Jung tornou-se professor de Psiquiatria da Universidade de Zurique, onde permaneceu até 1909, quando então se dedicou à clínica particular e às suas pesquisas. Nessa fase inicial de sua vida profissional, interessou-se não apenas pelas psicoses, como também pelas psiconeuroses. Fundou o Laboratório de Psicopatologia Experimental (entre 1904 e 1905), no qual se aprofundou na investigação das neuroses pelo experimento de associações de palavras. Com base nisso, formulou o conceito de Complexo Psicológico, central em sua teoria ("complexos" como sendo conteúdos emocionais autônomos reprimidos, capazes de provocar distúrbios permanentes ou sintomas neuróticos). Nessa fase, desenvolveu seu rigoroso método de observação e, por suas investigações nesse campo, recebeu o título de doutor *honoris causa* da Universidade de Massachusetts (EUA):

> Devo aos estudos sobre as associações o fato de ter sido convidado mais tarde para realizar conferências, em 1909, pela Clark University, sobre os meus trabalhos. Na mesma ocasião Freud também fora convidado e ambos recebemos o título de doutor *honoris causa* (ibidem, p. 112).

Desde 1900, Jung já havia tido contato com a obra de Freud pela leitura da *Interpretação dos sonhos*. No entanto, só em 1907 teria seu primeiro contato pessoal com o criador da Psicanálise, em um encontro que durou 13 horas ininterruptas de conversação. Com esse encontro, entraram em colaboração científica (de modo que, em 1909, viajaram juntos para dar palestras na Clark University) e desenvolveram um relacionamento estreito, de admiração mútua. Foi considerado por Freud como seu sucessor e primeiro presidente da Associação Psicanalítica Internacional. Entretanto, as divergências de pensamento entre ambos se aprofundaram, sobretudo no que dizia respeito à Teoria da Libido, embora também tenham sido referentes aos conceitos básicos, à religião, à interpretação de sonhos e à sexualidade. Quanto às suas discordâncias teóricas com Freud, escreveu:

> No que concerne ao conteúdo do recalque, eu não concordava com Freud. Como causa do recalque ele apontava o trauma sexual e eu conhecia numerosos casos em que a sexualidade desempenhava papel secundário, enquanto outros ocupavam lugar principal. Por exemplo: o problema da adaptação social, da opressão pelas circunstâncias trágicas da vida, das exigências de prestígio etc. (ibidem, p. 134).

No início, Jung tomou o partido de Freud e ficou publicamente a seu favor, arriscando seu prestígio no meio universitário (no qual Freud ainda não era aceito), recebendo algumas advertências por escrever artigos, em 1906, apoiando as idéias freudianas. Mais tarde, Freud foi discordando das idéias de Jung sobre espiritualidade e parapsicologia, classificando-as como "ocultismo". Jung afirma sobre isso:

> Parecia-me claro que Freud, proclamando sempre e insistentemente sua irreligiosidade, construíra um dogma, ou melhor, substituíra o deus ciumento que perdera por outra imagem que se impusera a ele: a sexualidade. [...]. A libido sexual se revertia e desempenhava nele o papel de um Deus oculto [...]. Para Freud, a sexualidade era "numinosa", mas na sua teoria a considerava exclusivamente uma função biológica (ibidem, p. 137).

Jung se preocupava com a neurose e a profunda amargura de Freud, que se fixara pessoalmente no tema sexual:

Ele tornou-se vítima do único lado que podia identificar, e é por isto que o considero uma figura trágica, pois era um grande homem, e o que é principal: tinha o fogo sagrado (ibidem, p. 138).

Freud, por sua vez, testemunhou alguns fenômenos paranormais que Jung reproduzia e se sentiu horrorizado e afrontado. Em suas discussões, passou a ter síncopes e a fantasiar que Jung queria "assassiná-lo" (como a um pai). De fato, Jung o considerava uma personalidade superior, mas passou a vê-lo com mais objetividade:

> Vi em Freud o homem mais velho, mais maduro, mais experimentado e, em mim, seu filho [...]. Mas não podia sacrificar minha independência de espírito, afastar-me dos meus verdadeiros objetivos (ibidem, p. 142).

O golpe maior na relação dos dois ocorreu quando Jung veio a solicitar detalhes da vida particular de Freud para analisar-lhe um sonho. Este, desconfiado, disse que "não podia arriscar sua autoridade". Distante, decepcionado, Jung deixou de vê-lo como uma figura de autoridade, por tentar manter sua autoridade pessoal acima da verdade. Nessa época, teve um sonho significativo com uma casa, na qual descia gradativamente para andares inferiores e ia regredindo no tempo, chegando à época medieval e até uma gruta primitiva. Esse sonho o conduziu à interpretação do Inconsciente Coletivo e foi relatado em seu livro *Metamorfoses e símbolos da libido*, em 1914. Após essa publicação, com a apresentação de um diagrama estrutural da alma humana com uma condição prévia essencialmente impessoal, seu rompimento com Freud foi definitivo. Neste livro, Jung desenvolve a interpretação das fantasias psicóticas de Miss Miller, acentuando seu conteúdo mitológico. Daí extraiu as bases para o conceito de Inconsciente Coletivo (como um psiquismo impessoal, que transcende a toda diferença cultural e consciente, repositório de todas as experiências humanas desde o início mais remoto). Esse conceito, que ampliava o conceito freudiano de Inconsciente Pessoal com o de incesto foi o grande responsável pelo afastamento de ambos.

Sobre seu polêmico rompimento com Freud, Jung escreveu:

Quando estava quase acabando de escrever *Metamorfoses e símbolos da libido*, eu sabia de antemão que o capítulo "O sacrifício" me custaria a amizade de Freud. Nele expus minha própria concepção de incesto, da metamorfose decisiva do conceito de libido e outras idéias [...] Para mim o incesto, só em casos raros, constitui uma complicação pessoal. Na maior parte dos casos representa um conteúdo altamente religioso, e é por este motivo que desempenha um papel decisivo em quase todas as cosmogonias e em inúmeros mitos. Mas, Freud, atendo-se ao sentido literal do termo, não podia compreender o significado psíquico do incesto como símbolo. E eu sabia que ele jamais aceitaria [...] Depois da ruptura com ele, todos os meus amigos e conhecidos se afastaram de mim. Meu livro não foi considerado uma obra séria. Passei por místico e, deste modo, encerraram o assunto (ibidem, p. 149).

Para Jung seguiu-se, após esse rompimento, seis anos de crise emocional, incerteza interior, desorientação, isolamento, desespero, em busca do autoconhecimento, pesquisando seu próprio inconsciente. Sentiu-se possuído por imagens profundas e estas foram fundamentais para depois desenvolver sua obra. Começou a usar consigo mesmo a técnica da Imaginação Ativa (embora, à época, não a nomeasse desta forma, como uma técnica). Em sua fase crítica, de 1913 a 1917, passou a se entregar ao brinquedo de construção, resgatando uma preferência da sua infância. Experimentava brincar horas a fio, fazendo construções com pedrinhas à margem do lago perto de sua casa em Kusnacht, a trabalhar também com mandalas, esculturas e artes plásticas. Ele escreveu:

> Só me abandonei a tais brincadeiras depois de repulsões infinitas, com um sentimento de extrema resignação e experimentando a dolorosa humilhação de não poder fazer outra coisa senão brincar (ibidem, p. 155).

Nessa época, Jung brincava como se estivesse desempenhando um rito, conduzindo-se aos seus próprios mitos e fantasmas, com os quais dialogava e anotava regularmente suas conversações. Esses personagens internos lhe informavam acerca da realidade e da objetividade psíquica. Ele escreveu sobre isso em suas *Memórias*:

Quando readquiria o sentimento de mim mesmo, abandonava o controle e cedia a palavra às imagens e vozes interiores. [...] Traduzia assim as emoções em imagens e readquiria minha paz interior (ibidem, p. 158).

Se Jung tivesse se reprimido, seria fatalmente vítima de um desequilíbrio mental. Desse modo, o confronto com seu inconsciente foi uma experiência científica efetuada sobre si mesmo. Situações desse tipo repetiram-se em sua vida. Sempre que se sentia bloqueado, gostava de pintar e esculpir em pedras, como um "ritual de entrada" para novas idéias. Nessa fase crítica de sua vida, Jung não se afastou do trabalho de consultório, apenas de suas atividades docentes, recebendo da família o apoio necessário para o contato com a sua racionalidade.

O historiador Frank McLynn (1998) escreveu sobre esse período dramático da vida dele (que, sincronicamente, coincidiu com a Segunda Guerra Mundial e as crises sociais dramáticas na Europa), criticando sua neutralidade suíça:

> Atribuindo aos fatores psicológicos um valor quase exclusivo, em detrimento dos socioeconômicos, Jung parecia nesta fase não tanto um profeta, mas um avestruz, com a cabeça enterrada na areia (McLynn, 1998, p. 270).

Tentando interpretar sua séria crise emocional, os que o hostilizavam a diagnosticaram como esquizofrênica, desprezando suas teorias posteriores sob esse argumento. Este período é considerado uma crise da meia-idade por seus admiradores. Continua McLynn:

> Permanentemente temeroso de que viesse a perder o comando de si mesmo, tornando-se presa fácil de suas próprias fantasias, ponderou que tinha de correr o risco, pois como podia esperar que seus pacientes fizessem o que ele mesmo não podia fazer? [...] Jamais dissimulou a dor experimentada em sua jornada através do reino do Inconsciente (ibidem, p. 259).

Casou-se em 1903 com Emma Rauschenbach (1992-1955) e, desde o primeiro momento em que a viu, teve a certeza interior de que ela seria sua mulher. Emma se tornou sua companheira também no que se refere às suas teorias, pesquisando os temas junguianos e publicando livros. Tiveram cinco filhos e o casamento durou até a morte dela, embora Jung tivesse mantido em paralelo muitos relacionamentos amorosos, alguns com ex-pacientes, sendo os mais importantes com Sabina Spielrein e Toni Wolff (esta sua fiel colaboradora, que muito o apoiou na fase crítica de "descida aos infernos"). Assim como acontecia com Jacob Levy Moreno, a monogamia enfadava muito Jung. A inquietação com a vida e a aversão à fidelidade no casamento eram características fortes de ambos.

Em 1916 escreveu *Sete sermões aos mortos*, inspirado por Filemon, um personagem extraído de suas fantasias. Redigiu o livro envolto por muita tensão, em uma atmosfera espiritual intensa, em apenas três noites, após as quais a atmosfera se acalmou. Jung considerou-o o registro de um fenômeno parapsicológico, com base na constelação de um arquétipo do Inconsciente Coletivo. Essa obra constituiu o prelúdio do que ele viria a comunicar depois ao mundo acerca do Inconsciente. Contudo, foram necessários mais 45 anos para ele elaborar e inscrever, no quadro de sua obra científica, os elementos que viveu e anotou, disciplinadamente e com objetividade, na fase de confronto com seu inconsciente. Após escrever esse livro, superou seu bloqueio como escritor, lançando em seguida *Estrutura do inconsciente*, *Sobre a psicologia do inconsciente* e *A função transcendente*.

Jung esforçou-se por mostrar que os conteúdos da experiência psíquica são reais e experiências coletivas, não apenas vivências pessoais:

> Me consagrava às fantasias, sendo subjugado por uma mensagem poderosa. Havia nessas imagens elementos que não diziam respeito só a mim, mas também a muitas pessoas. Fui tomado pelo sentimento de que não deviam pertencer somente a mim, mas à comunidade. Desde este momento, pus-me a serviço da alma. Eu a amei e odiei, mas ela sempre foi minha maior riqueza. Devotar-me a ela foi a única possibilidade de suportar minha existência, vivendo-a como uma relativa totalidade (Jung, 1963, p. 170).

A partir de 1916 começou a pintar progressivamente mandalas, entendendo-as como uma expressão do centro da psique, do *Self* e do caminho que conduz à Individuação. Dessa fase de "mergulho" em seu material inconsciente, extraiu grandes frutos, entre eles a noção de *Self* (princípio ordenador central, arquétipo que engloba todos os outros) e de processo de Individuação (busca de desenvolvimento do ser em suas potencialidades inerentes). Tornou-se claro para ele, entre 1918 e 1920, que a meta do desenvolvimento psíquico deve ser o Si-mesmo (o *Self*), cuja aproximação para atingi-lo não poderia ser linear, mas circular, circum-ambulatória. Na vivência pessoal e no confronto com os processos inconscientes, mediante suas mandalas, Jung descobriu, progressivamente, que eles convergem para um certo ponto central, o *Self*, considerando-o o fundamento de sua Psicologia Analítica.

Nesse período começou a estudar também os mitos, o I Ching e a Alquimia. Seu encontro com a Alquimia se deu com base em um sonho e uma carta de Richard Wilhelm, recebida sincronicamente pouco depois deste, confirmando suas imagens oníricas. Wilhelm lhe enviara um manuscrito de um tratado alquimista chinês taoísta, intitulado *O segredo da flor de ouro*. O texto confirmou suas reflexões sobre mandalas e rompeu com a solidão de suas experiências. A Alquimia afinal, lhe deu as bases históricas que tanto buscou para suas experiências subjetivas. Compreendeu que passara, entre 1913 e 1917, por um processo de metamorfose alquímica. Então, empenhou-se em estudar os gnósticos e os alquimistas da Idade Antiga e da Média, a história do mundo, da filosofia e das religiões. Jung foi percebendo que a Psicologia Analítica concordava singularmente com os escritos alquímicos:

> As experiências dos alquimistas eram minhas experiências e o mundo deles era, em certo sentido, o meu (ibidem, p. 181). Só descobrindo a Alquimia descobri claramente que o Inconsciente é um processo e que as relações do Ego com os conteúdos inconscientes desencadeiam um desenvolvimento, ou uma verdadeira metamorfose da psique. Nos casos individuais é preciso seguir este processo através de sonhos e fantasias. [...]. Mediante o estudo das evoluções individuais e coletivas, e mediante a compreensão da simbologia alquimista, cheguei ao conceito básico do processo de Individuação (ibidem, p. 148).

Jung encontrou na Alquimia as bases para sua compreensão do fenômeno da Transferência na Psicoterapia, associando-o ao fenômeno da união – a *conjunctio da Opus* alquímica. Desse modo, em 1946, publicou *Psicologia da transferência* (analisando o tema da transferência analítica valendo-se da leitura e das ilustrações do escrito apócrifo de 1550, o *Rosarium fhilosofhorum*). Só em 1955, publicou *Mysterium conjunctions* (seu último grande trabalho sobre a significação psicológica da Alquimia).

Ele saiu dessa fase crítica publicando suas idéias, pois não se limitou a compreender as imagens que emergiam de seu inconsciente, mas teve que se explicar com elas e realizá-las em vida. Afirmou que sua vida foi a história de um inconsciente que cumpriu a própria missão. Foi assim que, em 1921, refeito da fase crítica e mais amadurecido, publicou *Tipos psicológicos*, obra em que se preocupou em mostrar o que o distinguia de Freud e Adler, definindo os tipos e as funções básicas da personalidade, tratando sobretudo das relações interpessoais, do confronto homem × mundo, em uma espécie de psicologia da consciência. Pela primeira vez utiliza o termo *Self* em uma obra sua.

Em 1928 publicou *A energética da alma* e, em 1929, com Richard Wilhelm, *O segredo da flor de ouro*, em que expôs sua idéia de *Self*. Em 1940 publicou *Psicologia e religião* e, em 1942, *Paracelso*, enfocando as relações entre a Psicologia e as religiões. No entanto, foi em 1944 que aprofundou melhor o tema, com *Psicologia e alquimia*. Baseado em seus estudos alquímicos, analisou a fundo textos remotos dos séculos XVI e XVII, relacionando-os com suas próprias teorias sobre o processo de Individuação. Na tradição alquímica há uma imagem central, a do *Opus*, que representa a busca sagrada de um valor supremo. Alcançá-lo exige paciência, coragem, uma atitude religiosa. Para Jung, o esforço para a Individuação, em suas diferentes etapas, era análogo à busca dos alquimistas; desvendar o segredo capaz de transformar a matéria em ouro (ou "pedra filosofal") era como procurar desvendar o Inconsciente e encontrar o *Self*.

Em 1951 escreveu *Anoin*, em que tratou do problema do Cristianismo, confrontando-o com a Psicologia. Neste livro, estava especialmente interessado em responder à pergunta de como o fenômeno do "grande homem", que há em todo homem – o *Self* – exprime-se na experiência de cada um, ou seja, como o Cristo vive em cada um. No entanto, seu livro mais polêmico foi *Resposta a Jó*, publicado em 1952, desencadeando uma tempestade de críticas por abordar também o lado sombrio da divindade, sendo bastante refutado pelos teólogos. Entretanto, o interesse de Jung pelo misticismo e gnosticismo não representou uma rejeição à tradição espiritual cristã, com a qual tinha fortes ligações. Tentou compreender as religiões de mistérios (ocidentais e orientais) dentro de uma perspectiva simbólica, levando a reconhecer nelas profundas necessidades psicológicas, aspectos ignorados do ser humano. Para ele, as crenças religiosas seriam organizações dogmatizadas e codificadas de uma experiência interior numinosa, carregada de energia.

Bastante importantes foram as viagens de Jung pelo mundo, em suas pesquisas sobre povos, mitos e religiões primitivas, para fundamentar melhor suas teorias. Em 1920 foi pela primeira vez à África, em 1925 ao México, em 1926 ao Quênia e em 1938 à Índia. Interessava-se muito pela psique do homem primitivo, buscando descobrir a significação cósmica da consciência. Escreveu uma vasta obra contida em dezoito volumes e teve uma longa experiência clínica, em especial com psicóticos, com quem se ateve às imagens do Inconsciente.

Fundou em 1948 o Instituto C. G. Jung, em Zurique, e recebeu titulação de doutor *honoris causa* de diversas Universidades de renome: na Índia, na Inglaterra, nos Estados Unidos, na Suíça e em Londres. No entanto, Jung afirmou que nunca esperou que sua obra tivesse forte ressonância, pois ela representava uma compensação diante do mundo contemporâneo, extremamente técnico, falando a respeito do que ninguém queria ouvir, de modo que não esperava nenhum sucesso. Depois dos 80 anos, escreveu ainda *Presente e futuro* (1957) e *Um mito moderno* (aos discos voadores) em 1958. Segundo a analista Nise da Silveira:

quando se poderia talvez pensar que os assuntos da prática médica não mais o interessavam, Jung apresentou no Congresso Internacional de Psiquiatria, em Zurique (1957), um trabalho sobre a esquizofrenia que é não somente interpretação teórica dessa doença, como também está cheio de indicações utilizáveis pelo psiquiatra clínico no seu trabalho cotidiano (2000, p. 20).

Em 1961, terminou seu último trabalho (o primeiro capítulo do livro *O homem e seus símbolos*). Neste mesmo ano, após ter sonhado premonitivamente com sua morte e após breve doença cardíaca, morreu em sua casa, em Kusnacht, a 6 de junho. Durante seu funeral, tributos chegaram de todo o mundo, provenientes de admiradores e discípulos.

Contribuições mais importantes de Jung

O pai da Psicologia Analítica foi o defensor de o processo psicoterápico ser guiado pela natureza, tendo como finalidade não a "cura" em si, mas o desenvolvimento das possibilidades criativas latentes no indivíduo. Levou a prática da Psicoterapia para fora da Psicopatologia, conferindo sentido e propósito aos sintomas psíquicos. Seu legado, porém, expandiu o conhecimento sobre a natureza humana e foi abrangente ao universo e suas manifestações, incluindo arte, história, mitologia, filosofia, espiritualidade etc. Entre suas inúmeras contribuições, quatro são consideradas as mais importantes: 1) uma teoria sobre a estrutura e dinâmica da psique consciente e inconsciente, bem como sobre as formas pelas quais o inconsciente se manifesta. Um conceito básico inicialmente desenvolvido por ele foi o de Complexos (por volta de 1902); 2) uma teoria sobre os Tipos Psicológicos (introvertido/extrovertido) e sobre funções associadas (sensação, sentimento, intuição e pensamento), por volta de 1913 a 1921; 3) um estudo sobre a Psicologia do Desenvolvimento da Personalidade, articulado no conceito de Individuação; 4) uma descrição profunda das "imagos" universais, ou Arquétipos, derivados da psique do Inconsciente Coletivo (por volta de 1916 a 1919). Entre eles encontramos o *Self*, a *Anima*, o *Animus*, o Ego etc.

Jung concebeu o aparelho psíquico como um sistema energético dinâmico em constante movimento. A energia psíquica geral designou de Libido, que flui sempre entre dois pólos opostos. A resultante dessa dialética entre Consciente e Inconsciente denominou processo de Individuação, tema central de sua teoria. A obra de caráter inovador e transcendente de Jung despertou o interesse de muitos, e alguns jovens chegaram a desenvolver uma espécie de "culto" a sua figura carismática, ou a fazer dele um "guia espiritual", o que vem a desvirtuar muito seus objetivos. Várias interpretações confusas e precipitadas ainda são feitas acerca de sua vasta obra, inclusive uma leitura selvagem e de tendência esotérica. No entanto, sua vida é um exemplo de busca e descoberta; e sua obra é uma expressão de sua abordagem empírica e experimental, apesar de dedicar-se a temas tão complexos da natureza humana. Ao reconhecer no fenômeno psíquico sua objetividade, Jung coloca a Psicologia no campo das ciências, ao contrário do que afirmam as críticas acirradas que fazem sobre ele. A descoberta do processo de Individuação e do *Self* teve lugar destacado em sua vida, constituindo seu ponto de apoio teórico.

A vida de Jung foi um testemunho de fidelidade ao mais profundo de seu ser, de generosidade e veracidade, consagrando-a ao futuro. Pesquisador disciplinado e incansável, no fim da vida Jung estudava as relações entre suas descobertas e a física nuclear. Além de dedicado pesquisador, foi um dos maiores psiquiatras e psicoterapeutas do século XX e um intérprete da história do homem moderno, precursor de uma nova era.

Jung recebeu influências do pensamento de Kant, Schopenhauer, Nietzsche, William James, Bergson, Butler, além dos filósofos românticos alemães Schelling e Edward Von Hartmann, assim como dos existencialistas e dos fenomenólogos, mas rejeitou a idéia de criar um Sistema, como o fez Freud. Rejeitou o materialismo crescente, o determinismo e o positivismo, exaltando a liberdade e a auto-expressão. Apesar de reconhecer as contradições e aspectos negativos da psique, conseguiu manter sua antiga visão otimista da natureza humana e transformá-la em sua fecunda concepção das potencialidades infinitas do ser humano. Seu método era hermenêutico, fenomenológico, dialético e seu estilo de escrever foi muitas vezes apaixonado e intrigante. A complexidade de seu caráter e de sua obra contribuíram para que fosse classificado pelos eruditos e acadêmicos como um pensador confuso, ininteligível e obscuro. Destarte, sua ênfase na meta espiritual o afastou do meio científico. Não compreenderam que, na realidade, segundo analisa o historiador J. J. Clarke (1993), existiram "vários Jungs", pois ele expressou muitas vozes: a voz do filósofo, psicólogo, cientista, teólogo, mitologista e vidente. Seu pensamento era radicalmente temporário, sempre aberto à interpretação, ao refinamento e a ampliações posteriores. Ele considerava suas teorias provisórias, negando-se a ser doutrinário, mas empenhando-se em seus experimentos complexos com a psique. Era cauteloso e modesto, sempre considerando sua obra passível de revisão e reavaliação. Afirmava que nem tudo que escrevera saía de sua cabeça, pois grande parte era fruto de seu coração. Segundo Clarke:

> [...] embora tivesse sem dúvida reagido contra o cientificismo de Freud e rejeitasse implicitamente o enfoque reducionista, ele, de muitas maneiras, aproximou-se mais do *ethos* da ciência do século XX que Freud. Na verdade, poderíamos até dizer que, enquanto Freud permaneceu adepto do Iluminismo e aceitou sem questionar a visão de ciência do século XIX, a perspectiva de Jung estava mais afinada com o espírito reflexivo e abertura conceitual das ciências de nossa própria época. Como amigo de Albert Einstein, Wolfgang Pauli e Karl Popper (físicos da teoria quântica), ele não apenas se manteve em contato com as revoluções que ocorriam na física da sua época, mas foi também sensível às implicações que elas encerravam para a nossa compreensão da própria natureza e do método das ciências (1993, p. 32).

Desse modo, uma das maiores contribuições de Jung ao pensamento moderno foi o reconhecimento da realidade da mente e a redescoberta da idéia da Psique como um cosmo, igual e complementar ao mundo físico. Segundo J. J. Clarke:

sem cair no dualismo de mente *versus* corpo, coube-lhe reconstruir o conceito tradicional de mente como algo que tem um lugar na ordem natural das coisas, estabelecido de acordo com a estrutura do universo.

Para Jung,

> o Si mesmo ou a Psique é uma espécie de ser orgânico, que passa por um ciclo natural de evolução e crescimento e que, conquanto surja do solo profundo do Inconsciente Coletivo, e seja parte integral dos processos vivos da natureza como um todo, atinge seu florescimento na vida do indivíduo autoconsciente e autônomo (ibidem, p. 12).

Jung foi acusado injustamente de ser simpatizante do nazismo, somente porque aceitou manter-se como presidente da Sociedade Médica Internacional de Psicoterapia, sediada em Berlim, na época de Hitler, promovendo dois congressos fora da Alemanha e salvando desse modo a Sociedade, usando de sua condição de neutralidade suíça. Entretanto, com a publicação de *Psicologia e religião*, em 1940, interpretava o nazismo como patológico e as autoridades alemãs decidiram que sua obra seria interditada e queimada em todos os países ocupados por Hitler. Segundo Conger:

> o grande legado de Jung foi sua capacidade de traduzir a experiência espiritual, até então confinada aos sistemas religiosos, em termos de Psicologia, mediante a qual aquela poderia ser questionada e examinada. Ele foi capaz de traduzir os mitos de outras épocas e culturas no nosso mito da ciência do século XX, e nos ensinou técnicas para integrar o Inconsciente em nosso cotidiano (1993, p. 16).

Jung incomodou bastante o meio intelectual porque escreveu a respeito de um conhecimento considerado subjugado em nossa cultura, ou seja, interessou-se por conteúdos marginalizados e desprezados pelo meio científico: o feminino, o oriental, o esquizóide, a alquimia, a fantasia, o mítico, a teologia etc. Por outro lado, recusou-se a concordar com a ideologia das massas e do progresso mecanicista, desconfiando das teorias grandiosas e de toda busca filosófica por fundamentos em certezas universais. Seu senso de enraizamento e de continuidade, insistindo em não abandonar a História, nem deixar a psique humana sem apoio, enfatizando a universalidade da história e da natureza humana, acabou por fazê-lo ser interpretado por diversos críticos como um pensador um pouco distante da postura pós-moderna.

Segundo Grinberg (1997, p. 207), ao fazer a opção existencial de viver seu mito pessoal, acolhendo e realizando seu *Self*, ouvindo com atenção o que a psique tinha a comunicar a respeito de si própria, com sua originalidade e criatividade, Jung influenciou diversas áreas do conhecimento além da Psicologia, como a Física Nuclear, História, Literatura, Antropologia, Teologia e Parapsicologia, as Ciências Políticas e Sociais. Vários pensadores utilizaram os conceitos de Jung e confirmaram suas hipóteses, entre eles o físico Wolfgang Pauli, F. M. Cornford e Herbert Head.

Para facilitar a compreensão do leitor, apresentarei a seguir um breve resumo dos principais conceitos junguianos que serão citados neste livro, em ordem alfabética (não os coloquei como um Glossário anexo, para induzir propositalmente à leitura, que é fundamental à compreensão dos capítulos seguintes):

Alquimia: é a ciência dos filósofos, a química arcaica, precursora da química moderna. Surgiu na China Antiga, há mais ou menos 3.700 anos, e desapareceu no século VII. Era baseada na filosofia taoísta do equilíbrio e união entre os princípios opostos *yin* e *yang*. Seus experimentos práticos, nos quais os alquimistas buscavam os mistérios das transformações químicas, eram acompanhados de especulações religiosas e filosóficas, e registrados em tratados obscuros e simbólicos. Os alquimistas também enfatizavam o autoconhecimento e a transformação interior do ser humano. A simbologia alquímica leva à imagem do chumbo, metal denso e pesado, associado aos aspectos mais brutos do Psiquismo, sendo transformado em "ouro" pela ação parcimoniosa e perseverante do alquimista. *Ora et labora* (origem do termo laboratório) era uma das principais máximas dos iniciados para designar o local e o sentido de suas buscas. Nessa temática o elemento ouro, metal nobre e incorruptível, representa o ideal de proteção almejado. Puro e reluzente, encontra-se simbolicamente ligado a tudo que brilha dentro de nós. Representaria, dessa maneira, nossos melhores aspectos, ou mesmo a "divindade", essencialmente presente em toda e qualquer parte do universo, inclusive em nosso mundo interior. Nessa interioridade profunda estariam outros aspectos negativos e grotescos, que esperam por lapidação, isto é, pela transmutação capaz de nos aprimorar. Os alquimistas dedicavam-se sobretudo à edificação da *Opus Magna* (grande obra) e à aprimoração da própria vida. Daí ser fundamental buscar o elixir da longa vida, ou a "pedra filosofal", espécie de catalisador espiritual de todo o processo alquímico, capaz de acelerar a transmutação do chumbo em ouro. Esse processo atravessaria etapas, que evoluiriam da *nigredo à rubedo* e, afinal, à *albedo*. As etapas dessa transmutação seriam, para os alquimistas (usando os termos em latim): a *solutio, calcinatio, coagulatio, mortificatio, sublimatio, separatio* e a *coniunctio*. Deter o segredo da "pedra filosofal" equivaleria a vencer logo as etapas de um interminável caminho que, em termos pessoais, seria equivalente a uma transformação radical e profunda, muitas vezes decorrente de um estado de comunhão cósmica ou de "iluminação". A descoberta da "pedra" seria equivalente à descoberta do elemento áureo ou divino que se traz no nosso âmago, cujo poder é o de transformar em algo melhor e mais valioso. Jung descobriu que os alquimistas se empenhavam em caminhos semelhantes aos da Psicologia do Inconsciente. A Alquimia foi vista como um movimento compensatório do Inconsciente, ante o Cristianismo, assumindo seu lado obscuro e primitivo. Enquanto o Cristianismo Ortodoxo considerava pagãos os cultos à natureza, valorizando o espírito e reprimindo a carne, a Alquimia fornecia símbolos pelos quais entrava em contato com a matéria e com o lado ctônico (ligado à terra) da natureza, levando à transformação da vida. A imagem simbólica e o paradoxo são típicos da linguagem dos alquimistas, tal como a linguagem do Inconsciente. Foi na Alquimia que Jung encontrou as raízes de suas idéias e a ponte entre o gnosticismo e sua Psicologia do Inconsciente.

Amplificação: técnica de alargamento e aprofundamento de uma imagem onírica ou fantasiosa do paciente, por meio de associações dirigidas e de paralelos extraídos das Ciências Humanas e Sociais, mas sobretudo da história dos símbolos (mitologia, arte, folclore, religião etc.). Objetiva tornar a linguagem onírica ou fantasiosa mais compreensível ao paciente e mais acessível à interpretação, inserida em um universo coletivo e histórico mais amplo. Com a Amplificação, abre-se mão do enfoque exclusivamente pessoal da imagem, esclarecendo seu significado metafórico segundo padrões coletivos.

Arquétipo: é um dos conceitos mais importantes de Jung e corresponde às "imagens primordiais" ou padrões universais profundos da psique humana, presentes no Inconsciente Coletivo, que se mantêm presentes e poderosos ao longo do tempo. É o equivalente psíquico de um instinto, ou sua imagem. O Arquétipo é o padrão original, o afeto basal, a matriz hereditária, inata, que coordena a formação de símbolos para a estruturação da Psique. Experiências arquetípicas são aquelas comuns a toda humanidade, como, por exemplo, o nascimento, a maternidade, a paternidade, o amor, a morte, o abandono, o masculino, o feminino, a velhice etc. Alguns Arquétipos são naturais ao processo de desenvolvimento de todas as pessoas; outros já são ativados com base em experiências pessoais, complexos etc. Os Arquétipos são imagens eternas, princípios formativos de poder instintivo, que se expressam por meio de reações físicas ou representações mentais (imagens, idéias, mitos, sonhos etc.). O conceito de Arquétipo deriva da observação de que os mitos e os contos da literatura universal encerram temas bem definidos, que aparecem sempre e por toda parte. Encontramos esses temas nas fantasias, nos sonhos, delírios etc. Essas imagens são acompanhadas de tonalidades afetivas vívidas e fascinantes, e têm origem no Arquétipo que, em si mesmo, escapa à representação. Sendo uma forma psíquica herdada, o Arquétipo pode manifestar-se espontaneamente, mas não tem conteúdo determinado. Muitas vezes se apresentam como projeções e, como estas são inconscientes, manifestam-se nas pessoas com quem se convive, podendo provocar desentendimentos, paixões, neuroses etc. Os Arquétipos só são determinados em sua forma e, assim mesmo, em grau limitado. O Arquétipo em si mesmo é vazio, apenas uma "possibilidade" de pré-formação, ou forma de representação. Ele só tem um conteúdo determinado baseado no momento em que se torna consciente e é, portanto, preenchido pelo material da experiência consciente. Desse modo, ele existe como "energia potencial" na vida psicológica inconsciente de todos. Por exemplo: há uma tendência humana universal para formar uma imagem de mãe, mas cada indivíduo forma uma certa imagem materna. Jung considerou os Arquétipos como os elementos estruturais do Inconsciente Coletivo, as formas pictóricas dos instintos, uma vez que o Inconsciente se revela à mente consciente em imagens. Esses elementos são como os "órgãos psíquicos", de cujo funcionamento depende o bem-estar do indivíduo. A consciência humana se desenvolve com base em estágios arquetípicos, que mantêm entre si uma relação orgânica. Além de significação "eterna," o Arquétipo é dotado também de aspecto histórico de igual legitimidade. Ao longo do desenvolvimento, o Ego é transformado nesses estágios, experimentando sempre uma nova relação com o Arquétipo. Destarte, os Arquétipos são padrões de comportamento e reação diante de situações existenciais, constituindo tudo o que é psicologicamente universal e atemporal.

Anima e *Animus*: é a personificação arquetípica da natureza feminina no Inconsciente do homem e da natureza masculina no Inconsciente da mulher, respectivamente. A *Anima* (em português, Alma) é personificada nos sonhos dos homens por imagens de mulheres que se apresentam como sedutoras ou como guias espirituais. É um Complexo Pessoal, inconsciente, identificado a princípio como a mãe pessoal, sendo depois vivenciado nas figuras femininas que cruzam a vida do homem (irmãs, filhas, namoradas). O *Animus* (em português, espírito) é tanto um Complexo Pessoal como uma imagem arquetípica nas mulheres, exatamente como a *Anima* em um homem. Aparece em sonhos de mulheres mediante imagens masculinas. Corresponde ao *Logus* paternal, como a *Anima* corresponde ao *Eros* maternal nos homens. O *Animus*, portanto, é como um depósito de todas as experiências ancestrais das mulheres a respeito dos homens. Pode aparecer de maneira positiva, gerando na mulher um ser forte, criador e espiritualista, como também negativamente, pois quando a mulher se deixa possuir pelo *Animus*, corre o risco de perder sua feminilidade. Como todas as manifestações arquetípicas, *Anima* e *Animus* têm também aspectos positivos e negativos. É muito importante o desenvolvimento da *Anima* e do *Animus* positivos, uma vez que sua função psicológica principal é estabelecer uma ponte entre os mundos consciente e inconsciente, possibilitando uma relação dialética entre ambos. Contudo, são Arquétipos envolvidos no relacionamento com o sexo oposto e funcionam na relação afetiva com o mundo exterior. Juntos, representam os Arquétipos da união ou *coniunctio* conjugal.

Complexos: são conteúdos psíquicos carregados de afetividade, agrupados pelo tom emocional comum. Temas emocionais reprimidos, capazes de provocar distúrbios psicológicos permanentes e que reagem mais rápido aos estímulos externos, usufruem relativa autonomia, como se fossem unidades vivas da Psique, de modo que por vezes se é por eles dirigidos. São como feixes de forças contendo potencialidades evolutivas, mas que ainda não alcançaram o limiar da consciência, por isso exercendo pressão para virem à tona. Eles não são elementos necessariamente patológicos, só quando guardam excessiva energia psíquica, porém representam conflitos. No âmago de um complexo sempre se encontra um núcleo arquetípico. O complexo surge em virtude de conflitos, experiências dolorosas ou traumáticas; são carregados de intensa energia e se separam da Consciência, formando uma espécie de "realidade paralela". Nos casos de neurose e psicose, segundo Maciel:

os complexos surgem como verdadeiras entidades autônomas, tentando apoderar-se do Ego, falando alto, mostrando coisas, de modo que os pacientes podem ouvir vozes, ver imagens e cenas, tudo provindo de "personalidades estranhas". Jung fazia analogia dos Complexos com os gnomos, duendes e diabinhos, que fazem travessuras em nossa casa (2000, p. 26).

Portanto, o Complexo se agrupa em torno de uma imagem arquetípica e possui dois pólos: um deles, ancorado na experiência pessoal, e o outro, enraizado em uma fonte transpessoal. Segundo a autora:

> quanto mais o Inconsciente Coletivo estiver acoplado à Psique individual, mais a pessoa corre o risco de ser engolida pela energia impessoal expressa pelos mitos, pois os resíduos arcaicos seguem seu curso de repetição. Entretanto, cortar a conexão com os Arquétipos é perder o contato com a própria Alma (ibidem, p. 27).

Portanto:

> no âmago de todo e qualquer Complexo está um Arquétipo. O ego se forma a partir do núcleo arquetípico do Si mesmo; por trás do complexo materno pessoal, está o arquétipo da Grande-Mãe (Hall, 1987, p. 17).

Coniunctio: este termo em latim será mencionado diversas vezes e significa "conjunção", usado na Alquimia para indicar uma combinação química, como visto anteriormente; psicologicamente, indica a união dos opostos e o surgimento de novas possibilidades. A *coniunctio* é uma imagem *a priori*, que ocupa um lugar de destaque na história do desenvolvimento mental do homem. Outros termos junguianos de sentido equivalente são: união mística ou casamento sagrado, coincidência dos opostos, *unus mundus* (mundo uno) e pedra filosofal. Desse modo, a *coniunctio* é a integração, com a ajuda da consciência, de aspectos inconscientes da personalidade. Essa união leva à transformação de atitude do próprio Ego e da consciência.

Ego: para Jung, o Ego é o sujeito da ação consciente. O primeiro Complexo a se formar, sendo o centro da consciência. Estrutura-se com base no Inconsciente e é, muitas vezes, confundido com o centro organizador do aparelho psíquico. Conhecer a si mesmo, para Jung, não é conhecer o Ego, mas o centro organizador, que é o *Self*. O processo de desenvolvimento da Individuação consiste em diferenciar o Ego de suas estruturas arquetípicas auxiliares.

Inconsciente: constitui-se dos conteúdos sem energia psíquica suficiente para atingir a consciência, sendo a fonte de todas as forças instintivas da Psique. Pode ser pessoal (definido por Freud) e coletivo (definido por Jung). O pessoal é formado pelas experiências reprimidas ou não da história do indivíduo, desde seu nascimento. É no Inconsciente Coletivo que se encontram os conteúdos arquetípicos universais, além dos instintos. Ele é resultante das experiências da humanidade sedimentadas na Psique coletiva, pela hereditariedade. Os conteúdos do Inconsciente Coletivo não podem ser adquiridos individualmente, só no coletivo. Para Jung, toda a mitologia seria um exemplo de projeção do Inconsciente Coletivo ou Psique objetiva. Os conteúdos desse Inconsciente constituem uma base da Psique em si mesma, condição esta onipresente, imutável, idêntica a si própria em toda parte. Quanto mais profundas as camadas da Psique, mais perdem sua originalidade individual. Jung afirmou que

no mais profundo de si mesma, a Psique é universo (Jung, 1963, p. 355).

Individuação: é o processo de realização do Si mesmo, ou do *Self*. Ou seja, é o processo de realização progressiva da unidade da vida em cada ser humano e toma a forma de um confronto entre o Consciente e o Inconsciente, entre o Ego e o *Self*. Significa tender a tornar-se um "ser individual em ação", entendendo isso como a forma de nossa unicidade singular. É um processo dinâmico, natural e permanente, um eterno vir-a-ser, um tornar-se que tem início, mas é inacabado e infinito, porque nunca haverá uma realização total da unidade, da totalidade, mas apenas a melhor possível. Trata-se da realização do *Self*, no que tem de mais pessoal e de mais rebelde. O Ego tem grande importância nesse processo, pois deve ser capaz de ouvir com atenção e de se entregar ao impulso criador de crescimento que emana do *Self*. É preciso a submissão consciente ao poder do Inconsciente, reconhecer a direção sugerida pelo *Self* nas diversas situações da vida. Destarte, no decorrer do processo, a obscuridade dá espaço para a luz e a consciência ganha em amplitude e compreensão, eliminando as unilateralidades. Portanto, Individuação não é individualismo, egocentrismo ou auto-erotismo, mas um lento processo de diferenciação psicológica Ego/*Self*. A Individuação humana jamais é alcançada por inteiro, nunca é concluída, embora seja um potencial e um esforço universal. O processo, ao longo da vida, caracteriza-se por uma aspiração constante à unidade, coerência e totalidade. A Individuação é a realização do "vir-a-ser" do homem, cujo objetivo é a integração da Consciência com o Inconsciente. No entanto, não é algo que ocorre passivamente, exigindo a colaboração paciente do Ego. Segundo Jung, as pessoas lutam por manter uma imagem coerente e consistente de seu Ego, conquistando adaptação social, identidade e autonomia, na primeira metade da vida. Na segunda metade, a adaptação se volta do mundo exterior para o interior, o indivíduo se desenvolve ao reconhecer e integrar os significados de suas perdas e limitações. Inicia-se um processo de relativização e transcendência, desenvolvendo a busca de significado mais amplo e compreensão da vida humana em amplo contexto social. Começam a ser importantes as questões fundamentais coletivas, morais, filosóficas, éticas e religiosas, dando ênfase à responsabilidade do indivíduo no mundo. Assim, o objetivo da Individuação é tornar o ser mais diferenciado da coletividade, embora nela vivendo, ampliando suas relações. Individua-se evitando repetir alienadamente as tendências coletivas inconscientes, ou evitando-se cair no egocentrismo do individualismo (a inflação do Ego), pois a Individuação inclui, inclusive, o universo.

É um tornar-se um consigo mesmo e, ao mesmo tempo, com toda a humanidade. Portanto, é um processo dinâmico que passa pela compreensão da finitude da existência material, objetiva, em face da inevitabilidade da morte física. Considerado um dos conceitos centrais da Psicologia de Jung, este é alvo de muitas críticas. O processo de Individuação se desenvolve por intermédio da função transcendente e em etapas ou estágios (que não são necessariamente nessa ordem): reconhecimento da Sombra e desvestimento da roupagem da *Persona*; dissolução dos Complexos; desidentificação das *Imagos* Parentais; confronto com a *Anima* ou o *Animus*; dissolução da personalidade (*Mana*) e, a aproximação da realização do *Self*. No entanto, é difícil descrever um processo típico ou bem-sucedido de Individuação, porque cada pessoa deve ser considerada um processo único e toda generalização é arriscada. O processo de Individuação envolve fundamentalmente um diálogo contínuo entre o Ego e o centro regulador da Psique, o *Self*.

Função Transcendente: é uma função da Psique que espontaneamente produz a união de opostos. É um aspecto da auto-regulação da Psique que se manifesta de modo simbólico e é experimentada como uma nova atitude em face de si mesma e da vida. Sua intencionalidade diz respeito à possibilidade de "ir além" de um conflito, sem cair na parcialidade. À medida que o ser se interioriza e se relaciona com seus diversos aspectos inconscientes (Complexos, Sombra, *Anima*, *Animus* etc.), coloca em ação a Função Transcendente e, mediante dela, supera os conflitos, dando continuidade ao processo de Individuação. É a função que tem sua origem na tensão entre o Consciente e o Inconsciente e que mantém sua união. Tem papel fundamental na realização do processo de Individuação, porque traça as linhas de desenvolvimento individual, sendo a resultante da relação entre os conteúdos Ego/*Self*. É o aspecto que está na base de todas as etapas do processo de Individuação, promovendo a passagem de uma etapa para outra. É a Função Transcendente que transforma a energia do Complexo (que é projetada no mundo relacional), em uma "ponte" entre o Ego e o Inconsciente, um eixo Ego/*Self*. Quando se consegue estabelecer essa função, fica suprimida a desunião com o Inconsciente e seu lado favorável emerge (ou seja, sua sabedoria).

Mito: configura representações da consciência coletiva, ditas e reditas em cada geração. Expressa valores de grande irradiação que não podem ser adequadamente expressos por conceitos ou de forma racional. Segundo Maciel, os mitos:

> são narrativas que falam de como as coisas passaram a existir, como os fenômenos naturais se manifestaram. Falam de emoções, de combates e de intrigas, tendo deuses, heróis e monstros como personagens (2000, p. 20).

Criam-se então histórias, lendas, contos, parábolas, carregados de símbolos, imagens e emoções. Segundo o analista Joseph Campbell, os sonhos são mitos privados e os mitos são sonhos partilhados. Jung entendeu os mitos como a conscientização de Arquétipos do Inconsciente Coletivo, ou seja, as figuras mitológicas são a personificação das matrizes arquetípicas do Inconsciente Coletivo. Desse modo, os mitos representam a emergência de Arquétipos que a humanidade elaborou historicamente. Eles emergem da consciência das pessoas e coletividades:

> conhecem metamorfoses, que desdobram virtualidades escondidas, garantindo-lhes atualidade histórica. Eles ajudam a entender a universalidade de certas experiências e apontam para as várias travessias que caracterizam a aventura humana (Boff, 1999, p. 58).

O impulso mítico é universal e se expressa em relatos, rituais, Arte e Cultura. O mito é uma espécie de plano traçado, que configura todos os tipos de relações homem-mundo. Decifrar um mito é, pois, decifrar a si mesmo, pois ele encerra uma verdade. Os mitos para Jung têm grande poder sobre o ser humano e, se estiverem ativados e não forem reconhecidos, podem ser destrutivos (individual e coletivamente). Por exemplo:

para ele, o Nazismo foi a personificação de Wottan, o deus da destruição e da morte, recalcado no Inconsciente do povo alemão, por um ideal consciente de perfeição, progresso e poder (pois, sempre que um valor idealizado é ativado na Consciência, seu oposto constela-se no Inconsciente com igual intensidade, para provocar um movimento de mudança).

Numinoso: conceito desenvolvido pelo teólogo Rudolf Otto (autor de *O sagrado*, publicado em 1917), que designa o inexprimível, misterioso, tremendo, "totalmente outro", propriedades que possibilitam a experiência imediata do divino. Inspira temor reverencial e parece estar fora do alcance racional. É um confronto com uma força que encerra um significado ainda não revelado, misterioso, atrativo, fatídico e que possibilita uma experiência imediata de transcendência.

Persona: é o aspecto ideal do Ego, que se apresenta ao mundo e que se forma pela necessidade de adaptação e convivência interpessoal. É "o que se pensa que se é", sendo muito influenciada pela Psique coletiva. A identificação do Ego com a *Persona* provoca o afastamento da identidade pessoal. Para Jung, a *Persona*, a *Anima* e o *Animus* são estruturas de relação, ao passo que o Ego e a Sombra são estruturas de identidade.

Self **ou Si Mesmo**: é o Arquétipo central da ordem, da unidade humana, e o centro regulador da Psique. Tem poder transpessoal, que transcende o Ego. É representado simbolicamente pelo círculo, quadrado, quatérnio, pela criança, mandala etc. É uma realidade sobre-ordenada ao Ego consciente, abrangendo a Psique consciente e inconsciente. Jung afirma que não se deve nutrir a esperança de chegar a essa totalidade, a uma consciência aproximada do *Self*, pois:

> por mais consideráveis e extensas que sejam as paisagens interiores e os setores apreendidos pela consciência, não desaparecerão a massa imprecisa e uma soma desconhecida de inconsciência, que também

fazem parte integrante da totalidade do *Self*. [...]. O *Self* é também a meta da vida, pois é a expressão mais completa dessas combinações do destino que se chama indivíduo (1963, p. 358).

O *Self* é considerado por Jung como o Arquétipo da totalidade, expressando a unidade da Psique inteira, como foi descrito anteriormente. No processo de Individuação, que tem por objetivo a conexão vital com o *Self*, a totalidade seria o oposto do desejo conflituoso de tornar-se perfeito. A totalidade não é um estado de perfeição. O ser em Individuação pode até ansiar pela perfeição, mas deve sofrer o oposto de suas intenções, para sentir-se mais completo e conectado ao *Self*. Como arquétipo, manifesta-se nos sonhos, mitos e contos de fadas como uma espécie de "personalidade superior", como, por exemplo, um rei, um salvador ou um redentor. O *Self* é a dimensão da qual o Ego evolui, diferencia-se e se constitui. Jung também afirmava que ele pode ser considerado uma imagem de "Deus em nós" e acrescentava que está para o Ego, assim como o Sol está para a Terra. Estudando as diferentes religiões, descobriu que o *Self* se apresenta, fenomenologicamente, com as imagens que têm sido associadas com freqüência à divindade, de modo que funciona como uma imagem de Deus dentro da Psique. A relação entre essa imagem e a referida pela especulação teológica como Deus é uma questão em aberto, que Jung preferiu não debater, por constituir-se em questão transcendente do campo teológico.

Sombra: este termo designa o que não sabemos ou negamos a respeito de nós mesmos. A Sombra é o Arquétipo que representa os aspectos obscuros da personalidade, desconhecidos da Consciência, mas podendo se tornar mais acessível a ela. Em geral, temos resistência em reconhecer nossas Sombras, o que nos leva inconscientemente às projeções. A integração da Sombra é geralmente feita com relativo esforço moral. Ela se opõe à *Persona* e se situa em regime mútuo de compensação. Reconhecer a Sombra é um passo inicial no processo de Individuação.

Símbolo: uma imagem simbólica é a expressão condensada de toda a situação psíquica, que inclui elementos tanto da Consciência quanto do Inconsciente, mostrando que existe uma relação entre os dois sistemas. A função da imagem simbólica é incitar e impelir o Ego até este ser capaz de compreender o que percebe e conscientizar-se disso. Segundo Jung, um símbolo sempre pressupõe que a expressão escolhida é a melhor descrição ou formulação possível de um fato relativamente desconhecido. O conteúdo onírico, por exemplo, tem a função de símbolo, que etimologicamente significa "o que une". Segundo M. Eliade (1991),

> o pensamento simbólico precede a linguagem e a razão discursiva, possibilitando ao homem ser considerado um animal simbólico.

O símbolo anuncia um outro plano da Consciência, sendo a chave de um mistério, jamais explicada de modo definitivo. É uma imagem que encerra em si algo oculto e que vai além da representação imediata. Para Jung, o símbolo nasce da própria Psique, do conflito inerente a esta, conjugando, em si mesmo, o Arquétipo. Ele tem, por isso, a capacidade de tocar interiormente o ser humano, um poder de ressonância, pois a realidade que expressa não está presa aos traços da imagem em si. Em razão da profundidade de sua essência, o símbolo se encontra sempre livre para ligar-se a um outro significado a cada instante, ressurgindo como algo novo. Segundo Jung, o símbolo é uma imagem que reveste e dá forma à energia psíquica e ao Arquétipo, tendo acesso à Consciência pelos sonhos, por exemplo. Assim, permite ao homem dialogar com seus símbolos, dramatizá-los, interpretá-los. Portanto, o símbolo canaliza a energia psíquica para a Consciência, dá-lhe uma forma utilizável, visto que, como imagem exterior concreta, pode ser reconhecida e apreendida pelo Ego e, como conteúdo interior arquetípico, faz com que a Consciência receba uma nova parcela da energia psíquica, estabelecendo uma ponte com o Inconsciente.

Sincronicidade: fenômeno no qual um evento do mundo exterior coincide, de maneira significativa, com um estado mental psicológico. É um princípio de conexão acausal, uma conexão essencialmente misteriosa entre a Psique pessoal e o mundo material, baseado no fato de que, na verdade, são apenas diferentes formas de energia. Ela consiste em dois fatores: uma imagem inconsciente vem à consciência, direta ou indiretamente (simbolizada em sonhos, idéias e premonições); uma situação objetiva coincide com esse conteúdo/imagem.

Aproximações possíveis entre a vida e a obra de J. L. Moreno e C. G. Jung

Convido o leitor para testemunhar uma dança entre estes autores, no terreno da pós-modernidade, no ritmo télico-construtivista. A essa altura, após apresentar um resumo de suas biografias, já se pode emitir alguns sinais observados nessa dança singular. Moreno e Jung são dois gênios inovadores que apresentam inúmeras diferenças de pensamento, não importando para os objetivos deste livro enumerá-las. Apesar de Jung ser quatorze anos mais velho que Moreno, eles foram contemporâneos, mas não se referiram em nenhum momento a um encontro pessoal, conceitual ou filosófico recíproco. Ambos se debateram com o conflito do trabalho "fora e dentro" das estruturas empíricas, indo além dos métodos racionais que limitaram as Ciências Humanas no início do século XX. Os dois foram "acendedores de lampiões" no racionalismo do século XX. Obviamente, Moreno foi menos influenciado pela Psicanálise que Jung, mas ambos rejeitaram alguns dos principais postulados psicanalíticos e desenvolveram trajetórias próprias. Preocuparam-se em transcender os efeitos do dualismo filosófico e das dicotomias cartesianas, inclusive a dicotomia entre saúde e doença mental.

Jung e Moreno possuíam uma cosmovisão que os impediu de assumir uma posição causal, mecanicista e reducionista no exame da realidade psíquica e do comportamento humano, adotando um método de investigação finalista ou teleológico; desse modo, expuseram-se a críticas, pois o finalismo é considerado pela ciência moderna como portador de uma visão mística, irracional ou religiosa da realidade. No entanto, eles, cada qual ao seu modo, tentaram manter-se distantes da abordagem metafísica do fenômeno psíquico. Jung, por exemplo, adotou o empirismo e a fenomenologia na abordagem do fato psíquico e se baseou na Hermenêutica para criar uma metodologia própria, a análise simbólica. De fato, ele nutria grande interesse pelas questões espirituais e religiosas enquanto fenômenos psíquicos. Em certo momento de sua obra, no livro *Psicologia e religião*, ele afirmou:

> Embora não saibamos nem pretendemos saber o que é a Psique em si, podemos entretanto ocupar-nos com o fenômeno "espírito". Não afirmamos que este seja uma entidade metafísica, ou exista alguma ligação entre o espírito individual e um espírito universal hipotético. Por isso, nossa Psicologia é uma ciência dos fenômenos puros, sem implicações de metafísicas de qualquer ordem (1987, p. 481).

No entanto, ao estudar a atitude religiosa do homem, Jung identifica fatos que apontam a existência de uma função natural espiritual no Inconsciente, de modo que, para ele, a Religião decorre de disposições arquetípicas, resgatando-a do âmbito das patologias em que Freud a colocara. Contudo, a idéia de que Jung foi um místico tem sido muito fortalecida pela atitude de grupos espiritualistas e religiosos da nova era, que procuram em sua teoria os fundamentos para suas concepções. Viu-se também quanto o "homem Jung" era pessoalmente conectado com as experiências imediatas numinosas, com uma dimensão paranormal e extra-sensorial, cujas visões e sonhos não negou divulgar e investigar abertamente. Quanto ao aspecto de abertura pessoal, Jung e Moreno foram "espiritualistas" no sentido mais amplo do termo, embora no aspecto profissional tenham adotado uma perspectiva empírica e não metafísica, o que pode ter gerado muitas controvérsias nas interpretações de suas obras.

Viu-se como Jung foi "intensamente suíço" em sua adaptação social e europeu em seu estilo intelectual, aprofundando-se nos estudos clássicos e eruditos, sendo fluente em várias línguas modernas, além do latim e do grego. Era mais introvertido, alegórico, abstrato, multifacetado. Já Moreno, apesar de ter origem turca e judaica, era de uma família de comerciantes, adaptando-se ao longo da vida ao modo americano de viver, tendo seu estilo intelectual muito influenciado pela nova Psicologia Social americana do início do século XX. Era idealista, extrovertido, romântico, intelectualmente concreto e otimista socialmente. Eles tinham em comum o senso de humor e nasceram em famílias de poucos recursos, recebendo de suas mães uma forte influência, vindo a desenvolver uma percepção excepcional, mística e dramática. Os dois experimentaram em suas vidas uma jornada heróica, incluindo a luta contra seus "dragões interiores", em uma fase perturbadora de reorganização existencial, o que se tornou foco de inspiração em suas obras, facilitando que aprendessem a conviver com seus pacientes em uma relação muito próxima. O conceito de Jung de "Curador-Ferido", que será explicitado depois, foi amplamente vivenciado por ambos, de modo que vieram a insistir na valorização de uma relação mais genuína e real entre o terapeuta e seu paciente, além de quaisquer distorções projetivas ou transferências que pudessem existir.

Eram psiquiatras e psicoterapeutas, mas mantiveram um estilo pessoal e único, desenvolvendo obras originais; um lançando seu "olhar perspectivista" mais privilegiadamente na dimensão intrapsíquica profunda e, o outro, na dimensão interpessoal. Moreno acreditou que tudo na identidade humana é co-construído em relação, enquanto Jung enfatizou que grande parte das possibilidades humanas tem raízes universais e dependem de estruturas arcaicas herdadas, pois são expressão de formas arquetípicas, que se manifestam também em interação com eventos históricos e socioculturais. Procedendo de diferentes direções e usando estilos talvez opostos, estes autores procuraram explorar a natureza humana como ligada a uma energia cósmica, de abundância inesgotável e fundamental a todos os seres, considerada a centelha divina da Espontaneidade-Criatividade (para Moreno), ou a energia psíquica superior do *Self* (para Jung).

Finalmente, o leitor que leu com atenção o resumo anterior da biografia e obra destes autores, poderá já ter encontrado neles semelhanças, diferenças, complementos, hiatos. Não é à toa que alguns os consideram radicalmente complementares, mas é interessante apontar, agora de forma mais objetiva, os pontos de aproximação que encontrei na análise de suas biografias.

Ambos possuíam personalidade intuitiva e mística, em contato imediato (numinoso) com a experiência do Deus interior, nunca abandonando essas referências ao longo da vida e explicitando isso em suas obras. Viu-se como Moreno defendia a existência de uma "centelha divina", responsável pelo potencial espontâneo-criativo do ser humano. Jung, por sua vez, não tentou demonstrar psicologicamente que Deus existia, como afirmam alguns de seus críticos, mas sim demonstrar a existência de uma imagem arquetípica de Deus no Inconsciente Coletivo. Por meio de sua pesquisa com sonhos de pessoas não religiosas, em que apareciam elementos numinosos (como, por exemplo, imagens da "quadratura do círculo", símbolo antiquíssimo que representa a divindade), ele afirmou a existência de um fundo criador interno no ser humano. Ambos defenderam a Espiritualidade no sentido mais amplo do termo, como já me referi na apresentação deste livro (Boff, 2001), e viveram a dicotomia entre o "homem religioso e o homem de ciência", tentando integrar esses opostos na vida e na obra.

Viveram paralela e simultaneamente no mundo da Arte (no Teatro da Espontaneidade, para Moreno, e nas Artes Plásticas, para Jung), tentando aproximá-lo do mundo da ciência e obtendo, com isso, resultados satisfatórios. Assim, eles privilegiaram o *homo ludens* e adotaram a Estética como importante referencial.

Possuíam a crença no potencial infinito da criatividade como algo de divino e "numinoso" no ser humano, assim como criaram métodos que desenvolveram as possibilidades curativas desse contato (com o "sagrado" interior, o *Self* ou a "centelha divina" da Espontaneidade).

Tinham a visão de um ser humano não só biopsicossocial, como também cósmico, projetado para a criação e recriação do futuro.

Receberam algumas influências filosóficas existenciais semelhantes, uma vez que fizeram leituras significativas de Goethe, F. Nietzsche e Schopenhauer, em concordância fizeram oposição ao determinismo do pensamento cartesiano-newtoniano e ao reducionismo do pensamento freudiano.

Sofreram forte oposição e preconceito do meio acadêmico e científico ao longo de suas experiências, sendo, porém, mais reconhecidos nas últimas décadas de vida, embora ainda hoje provocando sérias reservas dos meios mais tradicionais. Ambos escreveram livros controvertidos, textos mais pessoais, que originalmente não se destinavam à publicação teórica.

Apresentavam personalidades polêmicas, sobre as quais pairou a dúvida de "anormalidade". Exerceram forte liderança e magnetismo pessoal, capacidade introspectiva e extrema sensibilidade como psicoterapeutas, demonstrando também autenticidade, persistência e determinação em seus projetos (apesar das dificuldades financeiras, emocionais e das disposições em contrário de toda ordem).

Eles receberam a especial colaboração de mulheres em suas vidas (além das esposas), ligando-se a elas afetivamente, de modo que estas foram marcantes no apoio oferecido, na confiança depositada, na colaboração científica e administrativa, além de cooperarem para o prosseguimento de suas obras.

Construíram suas teorias e métodos com base em experiências consigo mesmos, colocando-se inteiramente disponíveis e expostos de "corpo e alma", como pessoas: Jung, mergulhando introspectivamente nas suas imagens inconscientes; Moreno, fazendo do teatro e até de sua família seus laboratórios vivos, arriscando sucessos e fracassos diante do público. Essas atitudes corajosas e irreverentes dos dois foram mobilizadas não por ingenuidade, mas, sobretudo, por uma fé pessoal na direção "numinosa" que os acompanhava, desde os tempos de criança.

Utilizaram meios não verbais de trabalho com a Psique, que pudessem evocar as mais profundas expressões do *Self*. Moreno, com o corpo em ação dramática, e Jung, com imagens e símbolos.

Eles se inspiraram nos jogos preferidos da infância (o *Godplayer*, para Moreno, e os jogos de construção com pedrinhas, para Jung), em seus momentos existenciais críticos, contribuindo para que privilegiassem a importância do jogo criativo em suas obras. Poderiam sucumbir ao caos das fantasias infantis e visões místicas, mas escolheram compreendê-las racionalmente e concretizá-las, realizando-as na própria vida e encarando suas conseqüências éticas.

Escreveram suas obras baseados em imposições internas, como se não estivessem resistindo à pressão de um destino, cedendo a palavra e a ação ao "espírito" que os agitava. Por essa razão, foram acusados de "farsantes" e tiveram dificuldades de aceitação no meio científico.

Valeram-se de uma concepção semelhante de homem, como um ser em eterno desenvolvimento e transformação, seja com base no fator espontâneo-criativo, seja pelo processo contínuo e inacabado de Individuação. Evitaram a causalidade redutivista, assumindo uma postura prospectiva e finalista, mais voltada para a construção do futuro, o que nos remete à concepção construtivista do ser humano.

Consideraram a cultura patológica e concluíram que normalidade não é sanidade. Como Nietszche, criticavam o homem massificado. Moreno alertava para a conscientização das forças opressivas das Conservas Culturais, em defesa do desenvolvimento do potencial espontâneo-criativo. Por sua vez, Jung defendia que o ser humano deveria tomar consciência dos mitos e Arquétipos que se expressam mediante seu comportamento, para promover um processo de diferenciação de todos os fatores coletivos com os quais ele se identifica (não devendo descartá-los, mas não se deixando dirigir por essas forças inconscientes).

Eles podem ser considerados "alquimistas da alma humana", embora Jung o tenha sido de um modo imediato e francamente o admitindo, no sentido psicológico. Estudou a fundo a

Alquimia e considerou-a um processo paralelo ao seu próprio conceito do processo de Individuação. Moreno foi um alquimista de modo inconsciente, e isso é nítido em sua obra pela preocupação constante com o elementarismo ou primitivismo de chegar aos elementos mais simples da atividade humana, à gênese (*locus*, matriz e *status nascendi*), estando sempre preocupado em encontrar os átomos cuja combinação constituísse a realidade mais complexa e desse sentido a essa, na microscopia das relações humanas.

Ambos enfatizaram o cuidado com a Alma e com sua criatividade. Ao contrário de Jung, embora não enfatizasse a idéia de Alma (a *Psychê*), Moreno, ao se referir à sua Revolução Criadora, toma a Alma como o *locus* em que o processo criador se desenvolve, o palco no qual o Drama humano é encenado:

> A matriz do Teatro da Improvisação é a alma do autor (Moreno, 1975, p. 90).

Para ele, a grande batalha do homem moderno é enfrentar a Conserva Cultural, a repetição mecânica e vazia de sentido:

> negligenciar e abandonar o genuíno processo criador da própria Alma (ibidem, p. 94).

Já Jung enfatiza em toda a sua obra a tarefa de cuidar da Alma, a essência do ser vivo, a inteligência diretiva ou energia que configura a vida e se faz sentir como uma força, eternamente em busca de unificação entre Psique e Soma, cujo alvo é a contínua criação. Para estudar a Alma humana, Jung preferiu aprofundar-se nas diferentes culturas e religiões para desvendar o Inconsciente Coletivo – a Psique objetiva, constituída de Arquétipos – que é uma fonte criadora inesgotável.

2

APROXIMAÇÃO EPISTEMOLÓGICA

Após apresentar a história de vida de C. G. Jung e J. L. Moreno, seguirei com uma discussão a respeito de como estes autores se co-relacionam no viés epistemológico como precursores de uma nova era, ou precursores do pensamento pós-moderno, no seio do movimento construtivista. Gostaria de introduzir noções a respeito dessa tendência intelectual que vem destacando-se após a década de 1960, no campo da filosofia, das ciências, das artes etc. O pós-modernismo é, segundo Adam Blatner (1999), uma instância epistemológica que questiona a versão objetivista e oferece como alternativa uma perspectiva subjetivista e relativista. Fundamenta-se nas idéias do filósofo Nietzsche de que todo conhecimento é uma questão de perspectiva, devendo a verdade passar através dos filtros da experiência, fundamentando uma visão construtivista.

Diz o filósofo Nietzsche em sua obra *Genealogia da moral*:

> Existe unicamente um ver perspectivista, unicamente um conhecer perspectivista. Quanto maior for o número de olhos distintos que saibamos empregar para ver uma mesma coisa, tanto mais completa será a nossa objetividade (apud Bustos, 1979, p. 16).

Com isso, afirma também que não se pode eliminar a vontade em absoluto, deixar em suspenso a totalidade dos afetos e valores, pois se mutilaria o intelecto que busca um conhecimento. E acrescenta:

> Contra o Positivismo, que afirma existir no fenômeno somente fatos, eu objetaria: não, justamente não há fatos, somente interpretações. Nós não podemos constatar nenhum *factum* em si; talvez seja um con-

tra-senso querer este gênero de coisa. Na medida exata em que a palavra "conhecimento" possui um sentido, o mundo é cognoscível; mas ele é interpretável de outra forma, ele não tem um sentido atrás de si, mas inúmeros sentidos: perspectivismo. São as nossas necessidades que interpretam o mundo (apud Naffah, 1998, p. 58).

Na perspectiva pós-moderna, enfatiza-se que todas as culturas e eras históricas vivem de acordo com pressupostos que não podem ser tomados como absolutos. Ao abordar toda experiência de forma não racional, essa visão propõe como alternativa a abordagem na condição de co-criadores de um modelo de mundo que somos responsáveis por transformar. Para tal, tem-se de abrir mão de verdades idealistas e da ilusão de que estas são condições a serem alcançadas. Para isso, vê a Criatividade como princípio norteador e

> estimula continuamente o exercício da discriminação e o desejo de considerar novas informações à luz do momento presente, aqui-e-agora (Blatner, 1999, p. 2).

No campo das psicoterapias, Adam Blatner (1999) propõe oito implicações práticas desse pensamento pós-moderno, das quais discutirei apenas três, que considero mais importantes: transformar a Criatividade em valor central – cultivar o espontâneo, o presente, o enfrentamento de problemas por ângulos radicalmente novos. Considera-se que essa característica apresenta-se tanto na obra de Jung como na de Moreno; ajudar os clientes a construírem uma mitologia pessoal – a re-construírem as histórias de suas vidas como elementos de uma aventura e de uma jornada heróicas. É como integrar novas sínteses criativas. Isso pode ser a criação (no sentido mais genérico) de uma trajetória "religiosa" pessoal, que integre aspectos ecológicos, políticos, pessoais, históricos e de estilos de vida. Nesse ponto também Jung e o Psicodrama encontram-se; ajudar os clientes a desenvolver, como fundamento, uma perspectiva transpessoal, uma intuição a respeito de sua conexão com a totalidade maior das coisas, com o cosmo. Isso remete à noção antropológica de Moreno, que propõe o homem cósmico (não apenas biopsicossocial), aquele "gênio criador" que está contatado com a ordem do universo e nele se constrói constantemente, inacabado e indeterminado, pois atravessado por múltiplos fatores de toda ordem. Na visão moreniana, o ser humano é um ser cósmico, vem do cosmo e vai para o cosmo – é este seu berço de nascimento e de morte. Assim, o homem pertence à cosmogonia (sistema hipotético da formação do Universo), à cosmogenia (compreensão do destino cósmico do homem) e à cosmologia (ciência das leis gerais que regem o mundo físico). A criança, ao nascer, experimenta uma vivência cósmica, uma vez que não existe diferenciação entre ela e o mundo. O término do desenvolvimento humano culmina na possibilidade do Encontro Eu-Tu, que é caracterizado, também, por uma vivência cósmica, perda de identidade pessoal, temporal e espacial, que tem como resultante o fortalecimento da própria identidade (Fonseca Filho, 1980, p. 84).

Também Jung propõe (como se viu no Capítulo I), no processo de Individuação por ele defendido, o desenvolvimento da Função Transcendente, da eterna busca da realização do *Self*, na realidade nunca completamente acabada. Os conceitos junguianos de Sincronicidade e de Inconsciente Coletivo põem o homem como imerso em um movimento de energia psíquica, que "vem do" e que "retorna para" o cosmo. A psicoterapia é um processo de Individuação por excelência, visando ao redirecionamento transcendente do *Self*, em que afinal o Ego a ele se integraria, para extrair múltiplos sentidos para a existência. Essa visão de *Self* múltiplo é também essencialmente pós-moderna.

As demais características apontadas e discutidas por Blatner (1999) também se adequariam às correntes que já se discutiu (por exemplo: modelo pluralístico do psiquismo; consciência multicultural; desenvolvimento da flexibilidade mental etc.); mas consideram-se suficientes as citadas anteriormente para as dimensões deste capítulo, cuja finalidade é incluir as teorias em discussão no bojo da pós-modernidade.

Dando prosseguimento à minha pesquisa epistemológica e considerando que Jung definiu seu método psicoterápico como

Sintético – Construtivo – Hermenêutico, levantarei algumas considerações a respeito da Hermenêutica e do Construtivismo, entrelaçando, assim, os autores discutidos neste livro.

J. L. Moreno e C. G. Jung adotaram uma atitude perspectivista e relativista em relação ao conhecimento, acreditando que a Ciência, e muito menos a Psicologia, não poderiam ignorar a subjetividade humana. Ambos fizeram suas descobertas em um contexto que transcende a lógica, porém dedicando suas vidas ao trabalho intelectual de submeter tais descobertas a um teste, mediante investigação clínica, social e histórica. Acreditavam que a maneira de olhar o mundo e de fazer ciência está vinculada à perspectiva individual, que também está presa a uma teia sociocultural de estruturas, historicamente condicionadas. Moreno e Jung podem ser considerados tanto expoentes do método fenomenológico e do movimento ideológico existencialista, quanto pertencentes a uma perspectiva construtivista (embora Moreno tenha voltado-se mais na direção de um construcionismo social).

Jung, apesar de estar fundamentalmente interessado na fenomenologia da Psique, descreveu seu método inspirado e apoiado epistemologicamente no pensamento de Immanuel Kant (1724-1804). Este filósofo acreditava que o mundo, tal como é, não pode ser conhecido. As tentativas de reconhecê-lo são limitadas pela maneira como as coisas parecem aos sentidos. A mente em si, é o objeto mais imediato de percepção e, tudo que se alega conhecer, é dela derivado, filtrado ou distorcido. Jung complementou as idéias kantianas, acrescentando que se vive apenas no mundo das imagens, os conteúdos da consciência. O conhecimento objetivo teria de ser experimentado. O que caracterizaria esse conhecimento é o fato de ser organizado e articulado conforme categorias ou estruturas, que existem *a priori* na mente, e que constituem um conjunto de regras que determina como se experimenta e se compreende o mundo. Jung sustentava que as experiências individuais acontecem dentro de uma estrutura comum à humanidade e que, por isso, proporcionam um critério de objetividade. Tais disposições mentais, que ele denominou de Arquétipos, são estruturas subjacentes da Psique, herança comum da humanidade, que se predispõe a pensar, experimentar e sentir de certas maneiras, claro que influenciadas pelo contexto cultural e pela história. No entanto, para ele, a ciência não era a palavra final sobre a natureza, pois todo conhecimento seria contingente.

Por outro lado, pode-se considerar Jung e Moreno "pensadores de problemas", não "pensadores de sistemas", apropriando-se nesse caso dos termos de Clarke (1993, p. 40), pois escreveram suas obras em um estilo prolixo e assistemático, às vezes até de forma dispersiva, contraditória e apaixonada, tentando ser fiéis à honestidade intelectual e pessoal, sem a ambição de se chegar a soluções claras e definitivas. No entanto, o pensamento de ambos se aproxima do pensamento construtivista. E, por considerar esse viés filosófico, histórico e epistemológico próximo em ambos os autores, convido o leitor para uma espécie de "dança" entre eles, ao ritmo da psicoterapia construtivista, no salão da pós-modernidade. Enfocarei ora o passo de um, ora o do outro, alternativamente. Entretanto, começarei pela territoriedade da Hermenêutica, enfocando suas funções para o campo das psicoterapias.

A Hermenêutica é considerada a disciplina que se preocupa com a interpretação do sentido das palavras, das narrativas. A origem do termo está na mitologia grega, na qual Hermes (filho de Zeus e Maia) foi pastor, músico habilidoso e mensageiro dos deuses. Vivia viajando, codificando e decodificando mensagens panteônicas como intérprete. Hoje, não é mais "o texto" o objeto da análise hermenêutica, mas o processo de compreensão, de modo que a Psicologia e a Hermenêutica tornaram-se ciências aliadas.

Por um lado, a Hermenêutica tornou-se uma ferramenta essencial para a conceitualização da narrativa psicoterapêutica, uma vez que a interpretação da narrativa do cliente é uma das chaves de mudança para ele e seu terapeuta. Por outro lado, por ter preocupação com a compreensão dos sentidos do ser, parece advogar mais uma visão fenomenológica essencialista, no sentido heideggeriano, que visa a trazer à luz o ser, pesquisar o seu sentido sob o aspecto de desvelamento e manifestação, para revelar o ser-aí, o Dasein (Mesquita, 2000). Voltando-se para explicitar as estruturas implícitas da experiência humana do real e revelando o sentido dessa experiência, pode parecer, inclusive, que Moreno e Jung aproximam-se dessa visão fenomenológica essencialista. Todavia, existe nisso uma ambigüidade, pois parece que ambos concebem os dois pólos: o essencialista (da "coisa em si") e o existencialista (da realidade de nossa experiência, sob o aspecto de fenômeno). Tratando-se especificamente de Moreno, em vários momentos de sua obra ele afirma que:

> o desempenho de papéis é anterior ao surgimento do Eu; é o Eu que emerge dos papéis (Moreno, 1975, p. 25).

Com essa afirmação se conclui que o autor afirma ser o Eu uma unidade que não é dada aprioristicamente, mas a *posteriori* à ação da pessoa no mundo, sendo mais uma multiplicidade, construída no desempenho de papéis. Assim, ele se aproxima mais da noção do Existencialismo sartreano, de que a "existência precede a essência".

Assim, no ziguezague da obra moreniana, percebe-se que ele se refere a uma "essência do ser" quando afirma, por exemplo, que o psicodrama é "uma ciência que explora a verdade por métodos dramáticos". Assim, pode-se inferir que Moreno também apresentava afinidades e divergências com o Existencialismo. Acreditava, por exemplo, que o homem não cria Deus, ele é Deus. E entendia esse Deus interior como possibilidades infinitas para recriar seu ambiente e sua linguagem, por meio das relações. O homem para ele também está em um movimento de construir sua liberdade, lidando com as Conservas Culturais massificantes, que atrapalham seu movimento espontâneo. Segundo a psicodramatista Ana Maria Mesquita, para Moreno o ser humano "constrói o seu existir, muito mais do que os sentidos da sua existência. Não há preocupação com a interpretação, mas sim com o fazer e o pensar sobre o que foi ou o que está sendo feito. No 'como' do aqui-e-agora, mais do que no 'porque' do passado". Para a autora, Moreno é

[...] um apaixonado pelo movimento, pela intensidade do momento, pela complexidade bioantropocultural da pessoa e suas relações; apesar de se referir muitas vezes a "estruturas mentais", no meu entender, a circunstancialidade dos papéis e sua funcionalidade não permitem uma leitura que suponha uma estrutura apriorística do psiquismo, do comportamento humano e da sociedade (2000, p. 7-8).

Assim, do ponto de vista da autora, o psicodrama moreniano rompe com o Empirismo Lógico, o Estruturalismo e a Hermenêutica, aproximando-se mais da Pragmática, pois se propõe a uma pesquisa-ação pelo processo de criação.

Talvez hoje não se consiga compreender o Psicodrama puro, uma vez que o olhar perspectivista acaba delimitando a compreensão, parcializando-a ou contaminando-a com as influências dos pós-morenianos. Às vezes, tem-se a sensação de estar referindo-se a um Psicodrama multifacetado ou a vários Psicodramas. Embora haja a tentação de se encontrar no Psicodrama moreniano um referencial na Hermenêutica, ela é muito mais considerada pelos pós-morenianos, entre eles os de influência analítica. E, nessa nova perspectiva, em que é possível incluir uma fundamentação ou influência da Hermenêutica, cabe ao processo terapêutico tentar também compreender os significados subjacentes e latentes do que é subjetivamente comunicado e vivido pelo cliente. Entretanto, isso não implica nenhum poder de percepção extraordinário, mas sim a capacidade de ouvir com uma atenção equilibradamente elevada, a "melodia oculta" do inconsciente. Nas palavras de Palmer:

> É preciso que o terapeuta seja um grande ouvinte para que se possa ouvir o que realmente é dito e um ouvinte ainda maior para escutar o que não é dito, mas que vem à luz por meio da fala. Focalizar-se apenas na positividade do que um texto diz explicitamente é cometer uma injustiça para com a tarefa hermenêutica. É necessário que se vá além do texto para que se descubra o que este não descobriu e, talvez, não pode dizer (apud Kellermann, 1998, p. 55).

Acrescente a isso que o texto do cliente ou sua narrativa podem ser expressos não apenas pela fala, mas por meio da expressão global, incluindo, assim, o corpo, as cenas, imagens, os silêncios e as expressões artísticas. Portanto, ampliando o conceito de texto e de narrativa, pode-se considerar que a psicoterapia seja

> um cenário de ensaios para a construção e desconstrução das narrativas. Na proteção do *setting* terapêutico, o cliente busca conquistar uma maior versatilidade em seu texto (Gonçalves, 1997, p. 183).

E a Hermenêutica sugere também que a interpretação do terapeuta é uma projeção ontológica de sua própria compreensão, tem caráter perspectivista.

Já a perspectiva do construtivismo crítico tem-se valido da Hermenêutica para colocar-se como o novo paradigma do campo psicológico, que evolui de um "si mesmo" baseado na distinção sujeito-objeto para um "si mesmo" baseado no Projeto, em uma alternativa não absolutista, mas dialética. Concebe os seres humanos como Projetos –

> fontes de energia continuamente atualizada, em um processo dialético de construção e desconstrução de narrativas (ibidem, 1997, p. 184).

Assim eles se lançam, projetam-se, em um conjunto sem-fim de personagens que, por sua vez, projetam-nos como autores. Conclui-se, então, que a abordagem hermenêutica, assim endossada pelos construtivistas, estimula uma revisão das metáforas mecanicistas, deterministas e científicas. Vê o ser humano não como um processador ou computador, mas como um artista, atuando simultaneamente como produtor de imagens, ator e diretor. A narrativa humana assemelha-se a um filme que se desenvolve em imagens e cenas, articulado pela Estética.

O Construtivismo não é considerado uma escola psicoterápica, mas uma metateoria identificada na cultura, um marco conceitual, que abrange inúmeras vertentes, entre elas as referidas neste livro. A Psicologia e a Psicoterapia (incluindo a Psicanálise) basearam-se em crenças provenientes do Positivismo Lógico que predominou até o século XX no campo científico. Entre essas crenças, encontra-se: que a mente é passiva e receptora, aceitando a existência objetiva da realidade (independente da mente); o "conhecimento verdadeiro" representa corretamente a realidade existente; a ciência como possibilidade de encontrar esse conhecimento, segundo critérios empíricos, independentes do observador (Duran, 1999).

Com o movimento pós-modernista, encontra-se no final do século XX uma pluralidade de posições que receberam a influência do Movimento Existencialista e das rupturas do método fenomenológico, além dos avanços recentes da abordagem transpessoal. Vivenciou-se a rejeição da idolatria da razão, revisou-se o significado do conhecimento científico, reconheceu-se a intersubjetividade. As crenças atuais são outras, como as resumidas a seguir: a mente é ativa, motora e autogeradora; a realidade não é independente de nós, é sempre "para nós" (ela não é objetiva); o conhecimento não é uma reprodução fiel da realidade, mas uma versão dela, é apenas uma forma de dar inteligibilidade à experiência pessoal, que é socialmente compartilhada; a ciência é um conjunto de regras e práticas socialmente construídas para a seleção do conhecimento viável. Enfim, ela abandona a utopia da verdade (Duran, 1999).

Nessa perspectiva, a Psique tem como atividade principal a reestruturação de sua própria atividade contínua e prévia, que apenas é perturbada pelos estímulos do contato com a realidade exterior, mas não depende dela para ter sua própria atividade. O conhecimento é a realidade que se constrói e à qual se tem acesso – à realidade "mesma" não se tem livre acesso, não é cognoscível de forma direta.

O Construtivismo foi introduzido na Psicologia por meio da obra de Jean Piaget, psicólogo suíço, cognitivista e epistemólogo. Para ele, o conhecimento não é algo simplesmente transmissível, mas algo construído pelo sujeito, por meio de sua ação sobre o objeto, por vias de esquemas de ação, esquemas representativos e sua coordenação. Segundo Macedo (1994), a visão construtivista do conhecimento, defendida por Piaget em suas teorias, valoriza as ações sob o aspecto de operações do sujeito que conhece, enfatiza o trabalho constante de reconstituição de algo já sabido, ou de tematização (o que só é possível por um processo de descentração e coordenação dos diferentes pontos de vista). Assim, concebe o conhecimento como um "tornar-se", antes de um "ser", enfatizando a ação espontânea ou apenas desencadeada, mas nunca induzida.

Segundo Piaget, a aquisição do conhecimento e o seu acúmulo são garantidos por quatro fatores: crescimento orgânico, em especial a maturação dos sistemas nervoso e endócrino; o exercício e a experiência adquirida na ação; as interações e transmissões sociais; a Equilibração Majorante (Wechsler, 1998, p. 57).

Na teoria de Piaget, o núcleo encontra-se no conceito de Equilibração, o qual traduz as possibilidades cognitivas de um indivíduo ao interagir com as pessoas e coisas do mundo. É ele que integra, de fato, as contribuições da maturação nervosa e da experiência (sobre os objetos e o social), conseguindo explicar a evolução dirigida do desenvolvimento das estruturas do pensamento. Por auto-regulação, ele permite a existência de uma seqüência de compensações ativas do sujeito, em resposta às perturbações exteriores e de regulagem, constituindo um sistema permanente de compensações. Assim,

> um sistema está em equilíbrio quando uma perturbação, que modifica o seu estado, tem o seu oposto em uma ação espontânea que o compensa (Piaget, 1975, p. 183).

Esse processo tende ao melhoramento contínuo das estruturas, pelas auto-regulações, chegando, no final, à reversibilidade operatória.

O movimento construtivista, no entanto, não ficou no estudo do desenvolvimento cognitivo, não se resumiu ao Construtivismo piagetiano, mas estendeu-se ao campo das Psicoterapias, de modo que tal movimento tem como seus precursores as figuras de C. G. Jung e J. L. Moreno. Este último, identificou-se mais com um "Construcionismo Social", visto que as bases de sua teoria socionômica (sistematizada só na década de 1950) estão em comum acordo com os princípios básicos que mais à frente serão discutidos. Já Jung, por pertencer ao mundo da Psicanálise, reconheceu as limitações freudianas e fez a sua revolução, adotando uma visão construtivista, inclusive com ela nomeando o seu método. Assim, como outros psicanalistas pós-freudianos (como é o caso de Lacan), enfatizou o papel da reconstrução das narrativas dos pacientes, tentando fugir da visão determinista e conexionista freudiana.

Para melhor se analisar estes autores à luz do Construtivismo mais amplo, é importante rever as características principais desse movimento, segundo Mahoney, Miller e Arciero: a natureza proativa dos processos cognitivos; a visão de que o homem se organiza em uma estrutura morfogênica nuclear (uma estrutura em que os processos dos níveis centrais são protegidos contra a mudança e organizam os processos específicos periféricos). Assim, pressupõe processos abstratos ou inconscientes que governam os conscientes; a natureza auto-organizadora do desenvolvimento. Os sistemas individuais humanos organizam-se e protegem-se de modo a perpetuar sua integridade e se desenvolvem mediante progressivas diferenciações (1995, p. 104-10, apud Duran, 1999).

Primeiramente, como se vê, essas características se aplicam ao conceito junguiano de *Self*, que é definido por Jung como um Arquétipo organizador e central da Psique, em que consciente e inconsciente se complementam. Um centro de campo energético que tem função reguladora e motivadora, direcionando o indivíduo e garantindo a sua sobrevivência. Já o conceito junguiano de Ego é de que ele seria mais secundário ou periférico, centro da consciência (embora parcialmente inconsciente). O Ego se projetaria em formações imaginárias, como a *Persona*. Seria o sujeito das escolhas, responsável pela interpretação mais objetiva do mundo, do engajamento ético etc. Já o *Self*, por outro lado, seria uma estrutura central, corresponderia a uma totalidade do ser, como um centro auto-organizador da personalidade. Existiria para Jung uma relação de compensação contínua e auto-reguladora entre o Consciente e o Inconsciente, entre o *Self* e o Ego.

Portanto, para Jung a evolução psíquica organiza-se segundo uma Lei de Diferenciação, um vir-a-ser constante. O Ego é organizado pelo *Self* conforme contatos com o mundo da realidade externa, por meio das co-relações. Este processo resultaria na busca da Individuação, quando a supremacia do Ego seria ultrapassada pelo *Self*. Como se viu no Capítulo 1, para Jung a Individuação significa transformar-se em ser único, uma vez que, por individualidade, entende-se a singularidade mais íntima, última e incomparável, significando também que nos tornamos nosso próprio *Self*. Para ele, a Individuação é o processo contínuo e inacabado de formação e particularização do ser individual, o desenvolvimento do indivíduo psicológico como ser distinto do conjunto, da Psicologia coletiva. É, portanto, um processo de diferenciação, que objetiva o desenvolvimento da personalidade individual. Poder-se-ia acrescentar que o próprio Jung não admite que o indivíduo possa concluir esse processo e diferenciar-se por completo da coletividade, visto que necessita de uma *Persona* para relacionar-se socialmente.

Por outro lado, o pensamento de Moreno estava longe de ser acadêmico e sistemático para definir o *Self*, estágios do desenvolvimento ou níveis de consciência. Sobre o *Self* se referiu pouco em sua obra, quando, por exemplo, escreveu:

> O motivo que me levou a escolher o trajeto do Teatro deveu-se ao fato de eu sofrer de uma idéia fixa, que proclamava a existência de uma natureza primordial, imortal, que contém todos os seres e na qual os eventos são sagrados [...]. Eu gostava deste reino e planejava não abandoná-lo jamais. Minha visão do Teatro foi moldada segundo a idéia do *Self* espontâneo e criativo, cuja extensão ultrapassa o nível da pele do organismo individual, estende-se no âmbito interpessoal e expande-se, em poder e criatividade, até o infinito. Trata-se de um fenômeno universal, observável em cada pessoa (Moreno, 1984, p. 78).

Também Moreno deu pouca importância, em sua obra, ao conceito de Matriz de Identidade e a seus estágios de desenvolvimento, sendo esse conceito mais desenvolvido por alguns de seus sucessores (Fonseca Filho, 1980). Na sua Teoria dos Papéis, sustenta que o Eu (e aqui se refere à noção de Ego) é construído pelos papéis que se desempenha (incluindo os níveis biológico, social e psicológico, gerando os papéis psicossomáticos, sociais e os psicodramáticos). Assim, os papéis são os aspectos tangíveis do Eu, que é construído por meio de papéis. Portanto, para o psicodramatista, a identidade de uma pessoa é, na verdade, um edifício, uma construção não permanente, que vai sendo erigida e modificada com base nas informações do ambiente e no relacionamento com os outros (Williams, 1998, p. 60).

A noção que se constrói do Eu é resultado da co-construção com outras pessoas do átomo social e se faz pelos papéis que se desempenha.

Em concordância com o que defendem os filósofos Michel Foucault, Giles Deleuze e Félix Guatari, parece que, também para Moreno, o sujeito não é individual, não possui faculdades ou "aparelhos complexos". O homem, para ele, é uma produção inacabada e indeterminada, cabendo ao psicodramatista atuar sobre os pontos de cristalização dos diferentes papéis de seus clientes, para fazer fluir seu potencial espontâneo-criativo, suas múltiplas identidades e possibilidades. Não defende, porém, verdades subjetivas do Eu, pois não acredita que ele exista como entidade isolada. Nessa perspectiva, cada sujeito é multissingular. Cabe ao psicodramatista trabalhar em um determinado contexto, para avaliar o campo de forças que constitui os seres. Tal contexto é o "campo das singularidades individuais", do qual emergem as individuações, dentro de um projeto sócio-histórico constituído coletivamente. Portanto, o projeto de Individuação para Moreno está sempre articulado com o projeto político, histórico e de cidadania, em constante co-construção.

Desta perspectiva, a noção de "personalidade" para a maioria dos psicodramatistas morenianos é algo questionável. É substituída pela noção de subjetividade. A singularidade individual para eles é sempre múltipla, está em constante devir e em movimento. Qualquer idéia de "totalidade da personalidade" lhes é estranha, pois nela nada se integra de forma definitiva, uma vez constituída por circuitos de forças que se articulam pela sua diferença e disputam a hegemonia.

O ser humano em geral se apresenta como um Ego, um Eu, uma imagem unificada, uma "identidade" que é necessária socialmente. Segundo Naffah Neto:

O Ego, como imagem unitária da personalidade, é um complexo dotado de força e poder, e consegue impor-se como centro do sujeito; procura marginalizar os circuitos incompatíveis com a sua identidade. Mas só consegue em parte, dado que a sua força básica – que é a consciência – opera via representação e acredita poder controlar as forças irruptoras, negando-lhe representação consciente, simulando que elas não existem (1994, p. 78).

O autor continua afirmando que o Ego é uma barreira a ser ultrapassada ao longo do processo psicoterápico. Nesse aspecto, junguianos e psicodramatistas encontram-se. Concordam que a "inflação do Ego" tem de ser ultrapassada para que outras formas de articulação da singularidade se estabeleçam:

> eixos móveis, transitórios, capazes de acolher a multiplicidade, o acaso, e o devir que lá imperam [...]. Desfeita a imagem centralizadora, a personalidade passa a articular-se a partir do *Self* (ibidem, p. 78).

Na literatura pesquisada, junguianos e psicodramatistas parecem divergir muito quanto à noção de *Self*, pois para os psicodramatistas, em geral, a idéia de "um Arquétipo da totalidade", integração e unificação da personalidade torna-se inadmissível. Poder-se-ia concordar com alguns psicodramatistas e com o que afirma Naffah Neto, que o

> *Self* psicodramático é uma imagem de produção de formas vivas, múltiplas, inacabadas e mutantes. Ele é fundamentalmente um Inconsciente ativo, que substitui a Consciência egóica de si pelo acolhimento do desconhecido, que transpassa a personalidade. A partir daí, ela se sabe constituída por forças estranhas, percebe-se como "dobra do mundo", cenário. Aparece, então, uma outra forma de contato com o real, mais móvel e aberta, a serviço de um tipo de vida "maior", com mais intuição e poesia, dançando com o de produção contínua de múltiplas máscaras-personagens em transformação, acaso, fluindo no espontâneo-criativo, em eterno devir. As relações se invertem e estas formas móveis de contato passam a comandar as outras. Surge, assim, um *Self* criador e recriador de valores "que conhece as utilidades e limitações da ciência e da técnica nas suas tentativas de ordenar e controlar o mundo, e que pretende ultrapassá-las (1994, p. 79).

No entanto, o conceito de *Self* junguiano, como Arquétipo da "totalidade" da personalidade, sob o aspecto de busca do processo de Individuação, também é uma meta em geral inacabada e inatingível para a maioria dos mortais. Como se viu no Capítulo 1, o *Self* junguiano não é o Ego (ou a noção de Eu), ou o conjunto de representações que um indivíduo identifica como próprias. *Self* e Individuação são os conceitos de Jung mais polêmicos e de difícil compreensão para os que não se aprofundam em sua obra, e é uma heresia tentar reduzi-los a outros conceitos. Para Jung, um homem completamente "individuado", seria uma utopia alcançada talvéz só por personalidades extraordinárias e proféticas, como Cristo e Buda, por exemplo. O *Self* junguiano é também criatividade infinita. Contudo, esse é um terreno polêmico entre as duas correntes, merecedor de um estudo mais aprofundado, que excede o objetivo desse livro.

Voltando a Moreno, em sua Socionomia existe um homem-em-relação, inacabado, construído no eterno devir, no vir-a-ser dos vínculos. O papel do psicodramatista é definido como o de um "cego", que está sempre consultando a realidade, que a explora deslizando de modo atento, percorrendo ângulos e apalpando texturas, em ação hesitante, pois reconhece só o mundo em construção, em eterno fluxo espontâneo-criativo. Ele pressupõe uma Matriz de Identidade como uma espécie de "placenta social", estrutura nuclear que é socialmente construída no entrelaçamento de papéis, que vão sendo co-construídos. Defende o processo de Diferenciação progressiva dessa Matriz, que parte do estado inicial caótico-indiferenciado e vai-se organizando por suas vinculações.

Com a sua teoria socionômica, percebe-se, no Capítulo 1, que Moreno propõe um método de pesquisa das relações interpessoais, visando a sua transformação e partindo de uma atitude fenomenológica existencial. Privilegia o não-determinismo e as possibilidades múltiplas do ser humano em suas relações vinculares. Critica Nietzsche e Freud como essencialmente "historiadores", por enfatizarem as explicações do passado e não o aqui-e-agora. Moreno propõe ao ser humano viver o Momento sem *a priori*, atuar na própria vida como produtor, em direção à evolução espontâneo-criativa, compreendendo-o como um agente co-participante do fenômeno existencial. Ele não se preocupou em oferecer a compreensão exata dos fenômenos, mas partir da inter-subjetividade emergente na interação e nos contextos sociais. Segundo o socionomista baiano Paulo Amado,

> [...] a arqueologia da concepção socionômica é de processo, diferente da concepção de estrutura. A questão do ato socionômico é que ele é dado de uma forma continuada, como processo. É aí que se abre a possibilidade de se criar em qualquer papel, abrindo a possibilidade de reconhecer e de ressignificar a trama de relações, redimensionando a questão da robotização dos papéis, mantendo continuamente a atenção para as diferenças dos agrupamentos e as cartografias que compõem os processos, nas relações interpessoais; assim como atentando para as tentativas de desidealização, que se pretende ao colocar como configuração de linhas e nós quando, na praxis, o que temos são fenômenos e acontecimentos-meio. Não há começo, o fim não sabemos. Por fim, o socionomista intervém, tendo como referência o desejo que se quer concretizar, o Momento, como canalização da criação de singularidades e tendo como princípio o inacabado, como gerador de ações (1998, p. 123).

Moreno enfatiza a psicoterapia grupal como o *locus* privilegiado para tratar e pesquisar essas interações, além de oferecer contextos "rematrizadores", que possam devolver ou resgatar o potencial espontâneo-criativo perdido, ou seja, oportunidades de desenvolver o processo de diferenciação de cada um em seus diferentes papéis, em nova Matriz Social (do grupo terapêutico). Portanto, ele também parte do princípio construtivista de que não se constrói sozinho o conhecimento do mundo, mas com influência não só pelo que se é biologicamente constituído, mas sobretudo pelo que se co-constrói nos múltiplos vínculos. Nestes, vivencia-se a intersubjetividade. E é com base nela que se pode transformar essas estruturas (que se tornam tangíveis em papéis que se desempenha) organizadoras, ou previamente organizadas.

Desse modo, o conhecimento se dá tanto na abordagem junguiana como na psicodramática, nessa perspectiva construtivista, não mais de uma forma linear, mas como uma espiral, dir-se-ia até que por um processo de "Equilibração Majorante" (como definido por Jean Piaget), seja ele de qualquer ordem, socioafetiva ou cognitiva. Como se viu anteriormente, segundo Piaget esse processo é característico do pensamento, no qual as respostas espontâneas expressam uma direção estrutural, que aponta cada vez mais para o "maior", culminando com a descentração de seu próprio ponto de vista e a coordenação de vários outros, e atualizando, no final do processo, a estrutura de reversibilidade. É essa estrutura que permite a Inversão de Papéis e a mutualidade télica defendidas por Moreno. Para efetuar a inversão de papéis moreniana e possibilitar a percepção télica, é necessário que o pensamento tenha alcançado certo equilíbrio e capacidade de compreensão, após uma estruturação do conhecimento progressiva e majorante.

Veja o que afirma a psicodramatista brasileira Mariângela P. F. Wechsler:

> A Equilibração Majorante é um processo interno auto-regulador, que permite a existência de uma seqüência de respostas espontâneas do sujeito, que compensem as perturbações vividas [...], o que pressupõe, do ponto de vista socioafetivo, formas e padrões de relação cada vez mais complexos, apontando para a Inversão de Papel, [...] que outorgam ao indivíduo a capacidade de operar e co-operar, garantindo o entendimento do mundo das possibilidades (1997, p. 23).

É então na Matriz de Identidade que são construídas as estruturas individuais e as formas/padrões de relação socioafetiva ao longo do desenvolvimento. As formas anteriores são ressignificadas diante das novas formas, à medida que o indivíduo se torna mais espontâneo, mais capaz de ser télico e de inverter papéis.

Portanto, na Psicoterapia Psicodramática de orientação construtivista, objetiva-se desenvolver, segundo Mariângela Wechsler um processo que facilite ressignificações de conhecimentos anteriores (sobre si e suas relações); que seja liberador de espontaneidade/criatividade, garantindo a presença de telerelações; que ajude na construção da tomada de consciência da responsabilidade sobre as próprias ações; que facilite na descoberta de um verdadeiro *Self* (incluindo o trabalho contínuo de construções e reconstruções) (1997, p. 25).

Portanto, segundo a autora, em vez de se falar em "rematrização" da Identidade, se falaria em possibilidades de ressignificação de conteúdos e papéis, reconstituição de elementos atuais e retroativos do universo simbólico, da própria "Tematização". Finalmente, se atingiria essa etapa final do processo evolutivo, definido por Jean Piaget como Tematização, que tende a uma complexidade cada vez maior de Equilibração Majorante, e é regulada pelos mecanismos de generalização e de abstração construtivos. Desse modo, a Psicoterapia é vista como um processo construtivo, cujo veículo é a Espontaneidade-Criatividade, que garante o processo de Tematização. Portanto, chega-se a considerar a Psicoterapia de orientação construtivista um espaço de intersubjetividades que se co-relacionam, um espaço de co-criação.

> A relação terapêutica é uma das instâncias possíveis de constituição da realidade pessoal, mas se configura a partir da realidade pessoal preexistente (Duran, 1999, p. 8).

Este encontro terapeuta-cliente, para ser transformador, precisa ser uma "reconstrução a partir de uma situação interpessoal de exame sistemático, tenaz e rigoroso dos processos construtivos que geram/geraram [...] o mundo psicológico presente, em busca de um conhecimento que possa dar sentido à experiência de si mesmo" (ibidem, p. 9).

O resultado da psicoterapia dependerá da estrutura ou do sistema dado pelo paciente e do conhecimento gerado/construído, em sua exploração, no vínculo/contexto terapêutico. Nesse sentido, o paciente não pode ser visto como "doente" ou inadequado, guiado por falsas cognições, ou como alguém cujo desenvolvimento foi interrompido por traumas recalcados. Ele pode ser legitimado como possuidor de uma lógica a ser conhecida, um sistema a ser organizado e diferenciado, cuja integração pode ser transformadora.

As psicoterapias de base construtivista constituem-se em abordagens criativas, não corretivas, promovendo a construção de significados e o desenvolvimento pessoal. Priorizam os processos referentes ao *Self*, entendendo inclusive a resistência como uma tentativa legítima da proteção de processos centrais de organização.

A perspectiva da Psicoterapia junguiana, por sua vez, visa basicamente ao desenvolvimento do *Self* e ao Processo de Individuação (que busca a construção/realização do si mesmo, em um processo contínuo, progressivo e auto-regulador, de maior e mais refinada complexidade e diferenciação). Seja como for, o processo terapêutico junguiano passa a ser uma contínua diferenciação entre Ego e *Self* e de reestruturação da relação compensatória entre eles. O cliente rememora, objetiva, subjetiva, utiliza a metaforização e a projeção de narrativas (via sonhos e imaginação ativa), readquire a capacidade de mitologizar, de criar e viver imagens, mas tudo isso só se constitui em um processo transformador no seio de uma "relação terapêutica especial", como será apresentada no Capítulo 3. Nela, terapeuta e cliente participam de uma elaboração dialógica de co-desenvolvimento de novos significados, novas realidades e novas narrativas, em que aquele adota uma posição genuína de "não saber".

Para Jung, a óptica dada ao indivíduo-em-ação (à Individuação), em sua obra, parte da premissa de que sua transformação pode se dar basicamente no lúdico, no jogo, na criatividade, via expressão onírica, por meio da Arte. Ele parte de início do caminho da associação livre freudiana, da análise dos sintomas e anamnésica (autobiográfica), mas sua meta é o "confronto com o inconsciente", pois é por ele que o *Self*, esta estrutura de equilibração e auto-regulação, revela-se. Logo, no método junguiano, após um estágio inicial "analítico-dedutivo-elucidativo", propõe-se a entrada em um estágio "sintético-transformador". É neste último que se pode afirmar que o vínculo terapeuta-cliente passa a ser mais realista e igualitário (ou mais télico, segundo a terminologia moreniana). Só assim é possível ao cliente confrontar-se com o seu *Self*, com a expressão de seu Inconsciente Coletivo, responsabilizando-se por seu crescimento e por seu processo de Individuação.

Pode-se concordar com Maroni (1998), que para Jung a Psicoterapia tem um caráter mais poético que lógico-científico. Nesse ponto, ele e Moreno identificam-se. Ambos eram contrários a posições racionalistas, a partidarismos teóricos e a diagnósticos preconcebidos. Eles negaram o modelo reducionista-causal de Freud e enfatizaram a importância do tempo presente e do futuro, nem tanto o passado. Defendiam um terapeuta com capacidade de ser construtivo, co-criador, livre, aberto, acolhedor e despretensioso com o seu cliente. Afirmavam que o intelecto e a ciência estão a serviço da força e do propósito criador. Reafirmavam a importância das funções que a cultura negava: a intuição e o sentimento. E acreditavam que um dos paradigmas da Psique, talvez o mais importante, era o Estético.

Jung, por receber influência filosófica dos Românticos (em especial da visão estética de Schiller) e de Nietzsche, inscreveu no centro de suas preocupações (ao modo romântico) a antinomia indivíduo/sociedade, dando ênfase à não-domesticação do indivíduo pela sociedade. Segundo Maroni (1999), o processo de Individuação por ele defendido pressupõe a emancipação do indivíduo das regras coletivas, o não-submetimento à moralidade (à *Persona*) e o respeito à sua própria lei (à sua ética). Portanto, para Jung, aquele que se encontra no processo acelerado de Individuação oferece ao coletivo uma especial produção de novos valores (embora enfatize a singularidade e a construção do homem como ser único).

Similarmente, a preocupação central de Moreno foi também em relação a essa tensão indivíduo-sociedade, pelo binômio Espontaneidade-Conserva Cultural. Desenvolveu o conceito de Espontaneidade ou fator "E" como localizado entre a hereditariedade e as forças sociais, característico da espécie humana, garantidor de sua sobrevivência, como a capacidade do indivíduo de dar respostas diferentes, a novas ou a antigas situações. Moreno não fala de Espontaneidade sem citar Criatividade, a ela intrinsecamente articulada. Segundo suas palavras:

[...] a Criatividade pertence à categoria da substância – é a arqui-substância – e a Espontaneidade, à categoria dos canalizadores – é o arqui-catalisador [...]. A vinculação da Espontaneidade com a Criatividade significou um importante progresso, a forma mais elaborada de inteligência que conhecemos, e o reconhecimento de que ambas são as forças primárias da conduta humana (Moreno, 1983, p. 157).

Em oposição ao desenvolvimento da Espontaneidade-Criatividade no ser humano, está o que Moreno conceituou como a força da Conserva Cultural, ou seja, o conjunto de construtos normativos aprovados em uma determinada cultura, como os padrões estabelecidos e acabados. Assim como Jung, Moreno propunha (apesar de enfatizar a Psicoterapia de Grupo e não a Individual) um método que contribuísse para despertar e desenvolver a Espontaneidade criadora que ficara perdida, ou cristalizada, no desempenho de algum papel (ou na maioria deles), deixando os pacientes menos "escravos" das Conservas Culturais, mais comprometidos com a transmutação dos valores, com a criação de valores substitutos, ou de novos valores. Como sugere Wechsler (1998), o objetivo seria fazer o paciente sentir-se mais co-responsável em atualizar, em seu cotidiano social, político e econômico, a grandeza (no sentido do necessário e do possível) de perseguir sua humanidade, expressão fiel de relações que possam engendrar Tele, efetivar a inversão de papéis e, em alguns momentos, o Encontro. Porque, segundo nos lembra bem o psicodramatista Naffah Neto:

[....] sadio é o indivíduo espontâneo-criativo, capaz de telerrelações, continuamente lançado no presente e podendo retomar e transformar suas formas de existir em função de cada situação vivida; é o indivíduo capaz de catalisar a imaginação com vistas à transformação da realidade, e retomar os papéis sociais cristalizados e fixos que o circunscrevem, daí recriá-los, invertê-los, transformá-los na vivência das próprias relações em que se vê lançado (1979, p. 199).

Portanto, Moreno concebia o ser humano como um ponto de entrecruzamento de determinações de diferentes ordens, todas enraizadas no campo social e na história, que são vividas pelo sujeito e operam em seu mundo interno. Embora não tenha afirmado, acrescenta-se que essas determinações coletivas poderiam ser co-inconscientes e/ou do Inconsciente Coletivo (pois Moreno em seus escritos só mencionou Jung e seus conceitos em raríssimas citações). Afirmou, porém, que o ser humano cria para si uma subjetividade invadida pela Conserva Cultural. A cultura e os contextos sociais acabam por influenciar o desempenho de seus papéis e a construção de sua singular identidade, com maior ou menor grau de Espontaneidade. Foi com este olhar no campo relacional que Moreno desenvolveu sua obra, preocupado em não cercear a liberdade do ser que se submetesse às alienações do coletivo.

Finalizando, penso que C. G. Jung e J. L. Moreno, pensadores e psicoterapeutas do século XX, preocuparam-se em rejeitar os pressupostos epistemológicos tradicionais e permitiram-se desenvolver uma concepção aberta do conhecimento e da verdade, por isso, integrando o desenvolvimento de uma visão construtivista no campo das psicoterapias, o que justificaria colocá-los no terreno da pós-modernidade, como precursores de uma nova era. Percebi neste capítulo que uma "dança" entre eles não se caracteriza por um passo harmonioso, bem ritmado, do tipo "dois prá lá, dois prá cá". Em muitos instantes sintonizam, em muitos outros se distanciam, cabendo a cada um criar o próprio passo. Não pretendo emparelhá-los em uma dança sem surpresas, mas respeitar a singularidade de cada um deles nos capítulos posteriores.

3

APROXIMAÇÃO METODOLÓGICA

Algumas considerações prévias poderiam ser citadas a respeito dos métodos terapêuticos desenvolvidos por C. G. Jung e J. L. Moreno, mas já desenvolvi, em capítulos anteriores, alguns princípios nesta direção. A intenção não é comparar metodologias tão peculiares, extensas, originais e singulares, mas analisar alguns pontos de interface entre elas, no que se refere em particular ao que promove a funcionalidade da relação terapeuta-cliente. Foi no *setting* terapêutico que encontrei o ponto de meu interesse a ser discutido neste capítulo, a princípio. E finalizarei com algumas considerações a respeito de alguns fundamentos de uma nova abordagem, hoje ainda em processo de construção, definido como Psicodrama junguiano.

Com referência ao vínculo terapêutico

O que vem a ser a relação télica, tão defendida pelos psicodramatistas como essencial ao vínculo terapeuta-cliente? O conceito de percepção télica foi desenvolvido por Moreno (1959) ao longo de sua obra, mas pode-se resumir como uma noção interpessoal e perceptiva importante na Teoria moreniana dos Papéis. O vínculo télico seria para Moreno o mais elementar que poderia existir entre indivíduos, representando a ausência de distorção perceptiva. No desenvolvimento do ser humano, ele evoluiria de modo gradual, desde o nascimento, dando sentido e dimensão realista às relações humanas.

O psicodramatista Sérgio Perazzo traz uma revisão crítica do fator Tele, alertando para as suas contradições e redimensionando-o:

Tele é interação, é vincular, inclui percepção sem se limitar a ela, inclui transferência e empatia, está ligada à posição sociométrica, inclui globalidade vivencial e polimorfismo de desempenho de papéis, além da noção de complementaridade (1988, p. 7).

Portanto, Tele é um conceito relacional, que implica co-criação. Por exemplo, é a Tele estabelecida de início, entre mãe e bebê, que permite à mãe identificar as necessidades de seu filho. Já a Tele entre a mãe e a criança de quatro anos, porém, aponta para certa reciprocidade, está mais evoluída. A percepção télica pode ser considerada por Moreno como o fundamento de todas as relações sadias, pois consiste no sentimento e conhecimento recíproco da situação real do outro. É, portanto, defendida como o "cimento" para as relações estáveis e essencial para ser desenvolvida no processo terapêutico, a despeito do vínculo transferencial que pode ser inevitável. É difícil conceituar o que seja uma percepção realista, sem distorções projetivas ou transferenciais, uma vez que uma percepção é sempre tingida de afetos e juízos de valor. Embora seja difícil encontrar uma Tele pura (assim como uma transferência pura, pois ambos os processos são simultâneos e contaminam-se mutuamente), Moreno classifica a transferência como a "doença da Tele", ou o seu aspecto psicopatológico, distorcido.

Segundo o psicodramatista Dalmiro Bustos,

> [...] tanto o fator Tele como o de transferência são passíveis de bilateralidade, cujos limites entre ambos não são nítidos (1979, p. 18).

Ele reitera afirmando que

> Tele implica um conceito existencial e totalizador, intelectivo, afetivo, biológico e social.

Por conseguinte, a Tele é a empatia em dupla direção, sentida com reciprocidade, não um simples "sentir-se com o outro". Segundo Bustos, se

> nos encontramos no mesmo sinal e nos reconhecemos, o fator Tele está em ação (ibidem, p. 68).

Seja como for, no vínculo terapêutico, a princípio, opera a relação transferencial mais predominante, embora certa dose de Tele já esteja atuando. Cabe ao processo terapêutico possibilitar ao paciente diferenciar, de modo progressivo, o que é télico do que é transferencial em suas relações, incluindo isto dentro do modelo relacional terapeuta-cliente. Quanto mais desenvolver a Espontaneidade-Criatividade no vínculo terapeuta-cliente, mais será facilitado o desenvolvimento da Tele, não se incrementando o vínculo transferencial, mas elucidando-o. Portanto, para Moreno, quanto mais télico torna-se esse vínculo, mais saudável e realista é essa relação, e seria mais bem desenvolvido um efeito terapêutico rumo à Catarse de Integração (conceito que definirei mais adiante) e ao Encontro Existencial.

Em linhas breves e gerais, esta seria a visão moreniana da importância deste conceito para sua Psicoterapia. Buscarei articular em seguida um possível encontro na obra junguiana com esse conceito moreniano, partindo da imagem desenvolvida no Capítulo 2, de que se está ensaiando uma "dança" entre os dois autores.

Ao descrever o seu método terapêutico na obra *Ab-reação, análise dos sonhos e transferência* (1999), C. G. Jung em 1921 apresenta uma palestra a respeito do valor terapêutico da ab-reação. Nesta, ele defende algumas idéias sobre a não demasiada importância da teoria do trauma e da ab-reação freudianas. Define o trauma como uma comoção definida e de intensa carga emocional (um complexo, espécie de ferida psíquica), mas cuja simples descarga não seria suficientemente terapêutica. A ab-reação, como repetição dramática do momento traumático (que é recapitulado conscientemente, ou via hipnose), tem para ele apenas um efeito parcial e nem sempre curativo.

Jung defende que por existir uma dissociação da Psique, inerente ao complexo traumático, a chave da solução terapêutica estaria na supressão dessa dissociação, já que esse complexo iria se manifestar na vida do paciente, independentemente de sua vontade, de forma inconsciente e tirânica, cuja explosão ab-reativa seria vivida como ameaçadora por ele. Jung então acrescenta que caberia à ab-reação tentar integrar o complexo autônomo, para incorporá-lo pouco a pouco à consciência. E que isso aconteceria, não só revivenciando a situação traumática, uma ou diversas vezes. Para ele, a nova repetição não teria ação curativa por si só, pois seria necessário e fundamental que ela acontecesse no seio de uma relação terapeuta-paciente muito "especial".

Ao descrevê-la, Jung afirma:

> O revivenciar de um momento traumático só vai curar uma dissociação neurótica, quando a personalidade consciente do paciente estiver suficientemente fortalecida, por meio da relação com o seu médico, para que o complexo autônomo possa ser submetido conscientemente ao controle da sua vontade (Bustos, 1979, p. 4).

Desse modo, para Jung, a simples descarga emocional não seria suficiente, mas sim a eficácia com que seria tratada essa dissociação da consciência. Propunha a reintegração do complexo autônomo mediante substrato essencial, que seria essa "relação terapeuta-paciente especial". Só no seio dessa relação poderia ser elevado o nível de consciência do paciente, para superar e assimilar o trauma. Se nesta empreitada houvesse resistência, o método ab-reativo catártico falharia.

Até esse momento nada se vê talvez de especial, além do que o próprio Freud e seus seguidores redefiniram a respeito da teoria do trauma e do método psicanalítico. A diferença está quando Jung alerta para a natureza do que ele considera relação "terapeuta-paciente especial", que teria efeito transformador. Embora não retire a importância da transferência, afirmou que esse vínculo especial não poderia basear-se em uma relação transferencial, presa ao passado e à sexualidade. Deveria não ser mais uma transferência redutiva (que faz com que o paciente retroceda às suas origens), mas uma relação mais realista, presente, verdadeira, que ele deveria aprender durante o processo terapêutico a desenvolver com o seu terapeuta.

Considerando a relação transferencial como inevitável e característica de toda análise mais aprofundada, Jung, em 1921, realça a importância de se atentar para seus dois aspectos ou dimensões: em um deles, a transferência seria fruto das projeções (a serem decompostas com predominância na primeira etapa do processo analítico – retroanalisadas até suas origens). Essa dimensão projetiva da transferência desenvolveria um pedido de intimidade impossível de se reduzir e de satisfazer. Por outro lado, sobreviveria também a outra dimensão da transferência, que ele chamou de dimensão "da cumplicidade". Perante a primeira, a atitude do terapeuta seria de neutralidade, mas, perante a segunda, a atitude seria de uma relação dialética, mais real e profunda, essencialmente humana. É como se o terapeuta desempenhasse na primeira dimensão o papel de "espelho" e, na segunda, o papel de "parteiro" (Humbert, 1985, p. 73).

Em alguns trechos de sua obra supracitada, Jung dá a impressão de não estar mais se referindo ao conceito clássico de transferência desenvolvido por Freud, mas a um outro termo que, como se vê, tecnicamente lhe faltou definir:

> Assim sendo, é preciso submeter as projeções primeiramente a uma análise redutiva, desde que não se perca de vista a importância e o direito à exigência fundamental do paciente a uma relação pessoal [...]. Quando as projeções são reconhecidas como tais, cessa esse tipo peculiar de relacionamento, ou transferência, e tem início o **problema do relacionamento pessoal** (ibidem, p. 8). Essa relação de pessoa a pessoa é a pedra de toque de toda a análise. [...]. O paciente se coloca diante do médico em igualdade de condições, com o mesmo direito e com o mesmo e impiedoso espírito crítico que ele próprio teve de suportar do médico [...] (ibidem, p. 9).

Nestes trechos, parece que Jung descrevia o conceito moreniano de Tele, segundo ao qual se referiu anteriormente. E, por outro lado, também defendia a idéia moreniana de inversão de papéis em algum momento da relação terapêutica, que baseada nesse "cimento" télico, possibilitaria o Encontro existencial no final do tratamento, destruindo qualquer relação de desigualdade entre terapeuta e paciente. Novamente se citam as palavras de Jung:

> O médico deveria pois abrir espaço ao paciente para que este o critique livremente, pois o paciente precisa sentir-se, de fato, humanamente em pé de igualdade (ibidem, p. 9).

Dir-se-ia até que Moreno resume essa observação junguiana ao afirmar que o objetivo do Psicodrama, entre outros, seria possibilitar que o terapeuta se tornasse paciente e o paciente, terapeuta. Preconiza com Martin Buber o efeito terapêutico de uma relação dialógica Eu-Tu, não a relação de investigação Eu-Ele (que é transferencial).

Talvez Jung tenha considerado o relacionamento pessoal ainda como "um problema", de modo que preferiu nomeá-lo como uma variante transferencial. Por outro lado, já via a relação terapeuta-paciente como um meio dialético de averiguações mútuas, uma vivência a dois, em que o terapeuta poderia externar suas reações genuínas com relação às manifestações de seu cliente, o que foi um avanço na época, tratando-se do meio psicanalítico.

Para o analista junguiano Magaldi Filho, o objetivo do trabalho terapêutico é fazer com que cada vez mais a presença do terapeuta seja despercebida, pois "o verdadeiro terapeuta é o curador-ferido do próprio cliente". Logo, cabe ao terapeuta facilitar, mediar e estimular que se estabeleça uma relação sagrada entre o Ego e o *Self* de seu paciente. Por isso, continua o autor, o terapeuta

> não precisa ser forte, poderoso ou técnico, mas sensível, empático e conhecedor da capacidade auto-reguladora e curativa do *Self* (Magaldi Filho, 1999, p. 9).

Existe o mito grego de Esculápio, a título de ilustração, que expressa essa postura dialética da relação terapeuta-paciente como uma proposta de relação aberta, criativa e igualitária, para que possa colocar descoberta não só a ferida do cliente, mas também a do profissional. Em uma dessas versões do mito, Apolo engravida Corônis, mas ele a mata ao descobrir que ela teve um caso amoroso com Isquis. Antes, porém, resgata de seu ventre o seu filho, Esculápio, e o entrega a Chíron para educá-lo e tratá-lo. Chíron, um centauro de dupla natureza (eqüina e humana), reúne em si mesmo o lado instintivo e o espiritual. Ele era considerado um grande médico, pois tinha grande capacidade para compreender os doentes, exatamente por ser um médico ferido (sua ferida havia sido provocada por uma flecha envenenada, era incurável). Assim Chíron, paradoxalmente, possuía amplos poderes de cura e padecia de uma doença eterna.

Este mito mostra um dos elementos paradoxais da relação terapêutica, a qual é permeada pela imagem arquetípica do médico-ferido. Se o aspecto de "curar" ficar inteiramente como o papel do terapeuta, e o aspecto de "ser curado" o papel do cliente, essa relação é dissociadora e despotencializada em seu poder de transformação. Entretanto, se o terapeuta permitir que a ferida do paciente toque a sua própria ferida, e este mobilizar dentro de si mesmo o Médico-Curador, ele irá participar ativamente de seu processo terapêutico. Isso possibilitará uma relação em que ambos são, ao mesmo tempo, terapeutas e pacientes, curadores e feridos. Isto só pode se dar em um campo mais télico que transferencial. É requisito fundamental ao terapeuta saber-se imperfeito, ter consciência das próprias feridas, ou do que Jung denomina como Sombras. No caso, por exemplo, do paciente de grupo, a experiência de poder compartilhar suas feridas não só com os companheiros, mas também com o terapeuta, insere-o em um plano coletivo, retirando-o de seu isolamento afetivo-emocional.

Portanto, Jung enfatizou também a importância da personalidade do terapeuta, ao afirmar que ele não só tem seu método, mas ele próprio é esse método, pois "a arte exige o homem todo". Defende que paciente e terapeuta fantasiem juntos, na segunda etapa do processo terapêutico, no qual Moreno diria que já haveria uma Tele estabelecida entre eles. No dizer de Jung:

> [...] consiste em uma comparação entre nossos achados mútuos. Mas, isto se torna possível somente se dou à outra pessoa a chance de participar por inteiro, sem ser tolhida pelas minhas pressuposições. Desta forma, seu sistema liga-se ao meu, agindo sobre ele; minha reação é a única coisa com que eu, como indivíduo, posso legitimamente confrontar meu paciente (ibidem, p. 929).

Na abordagem junguiana é considerado impossível prever procedimentos mais ou menos adequados a cada caso e a cada momento. Jung defendia a existência de uma comunicação fluida, de inconsciente para inconsciente entre terapeuta e paciente, afirmando que ambos estão "apoiados em uma inconsciência comum". Vários terapeutas junguianos absorveram a noção do Encontro Eu-Tu como foco na terapia, segundo os conceitos de Martin Buber e de Moreno, a exemplo de Sborowitz (1948), Trub (1964) Spiegelman (1962) e Jacoby (1984). Este último vê o Encontro Eu-Tu como uma dimensão central na Psicoterapia junguiana, contrária à atitude transferencial Eu-Isso. Referindo-se a isso, relata:

> Ambas as atitudes, como em qualquer relacionamento, fazem parte das interações entre analista e analisando, e temos de tentar diferenciar entre transferência e relacionamento humano genuíno, da forma que podem ocorrer na situação analítica. Em geral, falamos de relacionamento humano quando a atitude Eu-Tu é, até certo ponto, dominante; e de transferência, quando a outra pessoa é inconscientemente experienciada como um Isso (apud Hycner, 1995, p. 105).

Esta analista destaca que é importante a capacidade do analista junguiano para o encontro genuíno, para relacionar-se com o paciente em sua alteridade própria.

Com relação à Transferência, Moreno considerava que seus aspectos ficcionais e distorcidos foram demasiadamente enfatizados na Psicanálise, e que os aspectos de realidade do Encontro, que têm lugar no aqui-e-agora, foram vistos muito superficialmente. É bom lembrar suas palavras:

> [...] simultaneamente ao fato de o paciente deslocar, inconscientemente, suas fantasias sobre o terapeuta, ocorre um outro processo ativo. Uma parte da personalidade do paciente não regride, mas percebe, intuitivamente, o terapeuta tal como este é realmente, no presente. Mesmo que não se mostre tão forte ao início da terapia, a transferência diminui e é substituída por esta percepção verdadeira (Moreno, apud Kellermann, 1998, p. 115).

Mesmo em estado incipiente, a percepção télica já existe desde o início do tratamento e vai se fortalecendo de modo gradual, no decorrer do processo.

Neste ponto é importante lembrar a semelhança com o que Moreno veio a classificar como "Co-Inconsciente", o que se manifesta em relações de longa duração, manifestando-se na intersubjetividade do vínculo, em que acontece uma espécie de fusão de almas, em uma dimensão que aproxima indivíduos por um código de comunicação transcendente, que pouco se conhece hoje, mas que se observa emergir. O Co-Inconsciente moreniano refere-se aos aspectos interpessoais, "à história escondida" debaixo da história evidente de um vínculo. No conceito de Jung de Inconsciente Coletivo, portanto, projeta-se na história do homem, em sua evolução, escondida e perturbadora (Bustos, 1992), reveladora de Arquétipos.

Também para Jung, o analista é confrontado no processo psicoterápico em seu próprio Ser, questionado em sua capacidade de confrontar-se com seu próprio Inconsciente. Defende também uma relação dialética com o paciente, cabendo ao terapeuta a responsabilidade de estabelecer uma tensão no campo da consciência do seu paciente e entrar em intercâmbio energético com ele, de modo que se constituam dois sistemas interligados, que possam possibilitar um relacionamento humano genuíno.

Não se deve esquecer de que o princípio básico do qual parte Moreno pode até parecer similar ao proposto por Freud, quando se referia à ab-reação. Só que Moreno no Psicodrama não se vale apenas da palavra para substituir o fato traumático, mas recria o fato. O que ele propõe com a vivência psicodramática de situações traumáticas não é uma catarse ab-reativa, e sim o que ele vem a definir como "Catarse de Integração", que deve ocorrer em um campo télico. Nesse tipo especial de catarse, pode-se inferir a gradual integração dos processos dissociativos a que se referia Jung anteriormente. Nessa visão, a Catarse de Integração posssibilita desenvolver o processo da Função Transcendente, da integração de opostos, criando a possibilidade de ir além, de transcender o conflito, instalando um diálogo entre o Consciente e o Inconsciente e criando uma nova situação, uma atitude criativa. Para Moreno, o efeito terapêutico do Psicodrama só existe quando não apenas se repetem os conflitos básicos (as ditas "cenas nucleares", ou "nodais"), mas são revivenciadas no aqui-e-agora, diferenciando-as, partindo para a re-criação de um papel (que ali foi cristalizado em sua espontaneidade, no passado). A Catarse de Integração possibilitaria a catarse do ator e do criador (em que se deve transformar cada sujeito). Moreno afirma que a possibilidade de criar e de atuar com Espontaneidade, perante outro(s) que co-participam no mesmo clima télico, com acolhimento e aceitação, é uma condição essencial ao processo terapêutico, antes preconizada por Jung como "um substrato de relacionamento pessoal".

De qualquer modo, para Moreno, a Catarse psicodramática (em uma leitura mais fenomenológica) para ocorrer:

> exige a integração, em nível télico, de dois ou mais participantes do grupo terapêutico, o que quer dizer integração de subjetividades, de intencionalidades e de intuições. Ainda, integração do inconsciente comum do grupo, o Co-Inconsciente (Almeida, 1988).

Segundo Wilson Castello de Almeida, para Moreno a integração significaria juntar várias catarses parciais (vários *insights*) para obter uma total, sintética, integral, que é ao mesmo tempo mental e corporal, individual e grupal, resolutiva, revolutiva e evolutiva. Para alcançar esse objetivo, o processo poderia integrar inúmeros elementos facilitadores de Catarse, como a música, a dança, as artes visuais etc. No objetivo mais amplo, o Eu, fixado no passado, integrar-se-ia na realidade presente, devolvendo-lhe a liberdade criadora. Este autor supracitado define Catarse de Integração como

> a mobilização de afetos e a união de todos os potenciais – físicos e psíquicos – do indivíduo, para a compreensão fenomenológica do corte psicológico-existencial que a ele é dado, em um processo de co-existência, co-experiência e co-ação (ibidem, p. 94).

Por intermédio de psicodramatização, o efeito catártico ocorre com pacientes plenamente conscientes, embora quanto mais comprometidos e aquecidos se encontrem nas cenas vivenciadas, menos consciência eles têm de seus atos, pois agem de forma espontânea. Desse modo, sugeria Moreno que se poderia "contemplar a atuação mesma do Inconsciente em ação". Assim, exterioriza-se o interior e interioriza-se o exterior, em uma dialética, possibilitando uma Catarse de Integração nos breves minutos em que o paciente revela sua vida subjetiva "em si mesma", de modo espontâneo, sem a utilização de interpretações, sugestões, induções ou programações. É a Espontaneidade presente no ato dramático, ou do jogo dramático em si, que permite o acesso aos núcleos traumáticos, desreprimindo o reprimido e desoprimindo o oprimido. Essa forma especial de Catarse inclui a percepção de um novo universo e a possibilidade de abertura (novas abstrações e generalizações temáticas), mas ela não ocorre isoladamente: é sempre com base em um contexto inter-relacionado, no vínculo télico, tanto na situação bipessoal como na grupal.

Jung, por sua vez, divergia de Freud em sua noção de Transferência, apontando que ela tem vários aspectos arquetípicos projetados e ativados e formulando procedimentos técnicos para sua análise. Tratando-se desse tema, o analista junguiano Robert Stein revela:

> Na análise, a situação pai (mãe) – filho (filha) arquetípica é reativada. A experiência de transição não dolorosa da ligação arquetípica para uma conexão mais pessoal entre analisando e analista é fundamental para o relacionamento analítico curativo [...]. Todo novo encontro humano requer ato de fé [...]. Como não podemos conhecer os sombrios e intrincados movimentos de outro ser humano nos nossos primeiros encontros, a reação positiva depende basicamente da constelação de forças arquetípicas positivas (1999, p. 114-5).

Mais adiante, o autor afirma que uma das experiências mais curativas da análise junguiana ocorre quando o paciente é capaz de experimentar o movimento que parte do envolvimento da Transferência positiva e avança em direção a um relacionamento humano mais maduro e igualitário com seu analista. Entretanto, isso só pode ocorrer se os "pais arquetípicos" não continuarem, por muito tempo, a ser projetados sobre o analista.

Para tal, Jung desenvolveu um método de interpretação para complementar o método redutivo freudiano e o denominou sintético-construtivo-hermenêutico, conforme se referiu no Capítulo 2. Para ele, as fantasias da Transferência não podem ser entendidas apenas em um sentido redutivo concreto, mas, em especial, no sentido construtivo, de modo que sua resolução corresponde ao impulso para a Individuação. Ela teria um elemento criativo, cujo objetivo seria construir um caminho para o paciente sair de sua neurose. Por conseguinte, o paciente transfere para o analista não só recordações do passado, mas os elementos específicos necessários ao seu desenvolvimento. Preocupou-se em integrar não só o valor objetivo do material projetado, mas também seu valor subjetivo e prospectivo. Para isso, desenvolveu idéias correlatas de compensação, de empatia e de "relacionamento pessoal" (este último já discutido neste capítulo). Logo, para Jung, a compensação é o mecanismo pelo qual a Psique se regula automaticamente, de modo que a Transferência, assim como a neurose, seria uma tentativa de autocura, representando a luta do sistema psíquico ao seu equilíbrio homeostático. Já sua ênfase na Empatia e no relacionamento pessoal destaca, como já se viu, a importância que ele conferiu ao relacionamento terapêutico real e saudável. E reconheceu que uma característica do neurótico era sua dificuldade de estabelecer relacionamentos humanos saudáveis. Um aspecto objetivo da Transferência seria a tentativa inconsciente de o paciente ter essa relação com seu analista, mas estaria condenada ao fracasso, pois repetiria a situação familiar patológica. Caberia ao terapeuta facilitar que uma nova relação se estabelecesse entre eles, no plano mais pessoal, quando fosse possível retirar as projeções infantis impessoais.

Diferentemente da transferência pessoal, que pode ser resolvida pela análise redutiva das projeções, Jung realçou que as imagens arquetípicas, citadas anteriormente, não podem ser dissolvidas, pois pertencem aos elementos estruturais da Psique. Desse modo, é o próprio ato da projeção que deve ser dissolvido, devendo utilizar-se do método da objetivação, que ele denominou "sintético". Tal método sintético tem dois componentes:

a amplificação do símbolo inicial e o nível subjetivo de interpretação. Segundo o analista Warren Steinberg:

> Os procedimentos causais e redutivos falham quando aparecem imagens do Inconsciente Coletivo. Este tipo de material fica destituído de significado, quando é reduzido a algo pessoal, mas torna-se significativo, se reforçado e amplificado. A imagem arquetípica é entendida como um símbolo, que antecipa futuros desenvolvimentos no analisando. O método sintético procura compreender o objetivo do símbolo ao desenvolver seus significados, por meio de paralelos e analogias, fornecidos tanto pelo analista como pelo paciente (1995, p. 18).

Jung desenvolveu um método terapêutico que contrastava com a Livre Associação freudiana, apesar não prescindir totalmente dela. Sua preocupação não era só revelar algo oculto ou deformado "por trás" do pensamento consciente. Seu método requeria que o paciente se concentrasse nas imagens ou fantasias que produzia e que lhes explorasse as possibilidades interiores, construindo uma série de imagens e símbolos estreitamente ligados. Envolvia, assim, uma iluminação cuidadosa e consciente de associações interconectadas, objetivamente agrupadas em torno de imagens particulares, em um processo ao mesmo tempo de criação e de descoberta. Nomeou de Amplificação a sua técnica de interpretar imagens, sonhos e fantasias de seus clientes. Na prática clínica, encorajava os clientes a explorar analogias míticas, históricas e culturais, desse modo incrustando as imagens estranhas dos sonhos e fantasias em uma matriz simbólica mais ampla. Seu objetivo era iluminar o núcleo psíquico central ou complexo, relacionando-o a uma teia de significações interligadas. Assim, revolvendo em torno do assunto sob exame, um problema é amplificado exaustivamente, atividade que exige intuição, imaginação e meditação prolongada, um modo orgânico de pensamento caleidoscópico. Viu-se que Jung atribuiu um papel muito importante à intuição e à imaginação para chegar ao material inconsciente, à tentativa de criar símbolos, cujo significado jamais pode tornar-se inteiramente explícito.

Além da Amplificação, desenvolveu a técnica da Imaginação Ativa (espécie de jogo que inclui dramaticidade, mas não é dramatizado), na qual recomenda que o paciente deixe aflorar imagens conscientes espontâneas, carregadas de afeto. Em 1912, ele começara de uma maneira intuitiva a estruturar essa técnica, embora só em 1935 chegasse a nomeá-la e defini-la. Assim como Moreno, que partiu de sua experiência pessoal anterior com o Teatro Espontâneo (fazendo jus ao seu tipo extrovertido-intuitivo), Jung também partiu de suas experiências pessoais com imagens, sonhos e Artes Plásticas, bem em consonância com seu temperamento introvertido-intuitivo.

Jung propunha com a técnica da Imaginação Ativa, que o paciente entrasse em contato consciente com imagens desviadas pela censura e pelas defesas – imaginando cenas, permitindo-se espontaneamente recriá-las. Portanto, o paciente poderia não só realizar a sua Catarse ab-reativa (chorando, gritando, dando livre expressão à pulsão), mas também simbolizar (representar) as imagens e fantasias de seu Inconsciente (visualizando, pintando, escrevendo). Embora não falasse em "dramatizar" em cena aberta, envolvendo a expressão corporal, Jung, propõe uma interação dinâmica do paciente com as suas imagens, internamente. Após sua livre expressão, ele é estimulado a interrogá-las, dar-lhes vida, colocar-se no lugar delas, embora no plano de ação interna, em cenário introspectivo. Para Jung, a Imaginação Ativa é um exercício de confrontação dialética com o Inconsciente, pelo relaxamento da atenção crítica, possibilitando o afloramento de fantasias que são percebidas pela consciência desperta. Essa capacidade de concentração voluntária, seguida por um processo de produção de fantasias, tem o efeito de vivificar uma imagem e de transformar afetos em imagens.

> O Ego mantém sua capacidade de discriminação e se relaciona com o Inconsciente sem ser invadido por ele. Ao trazer à tona as imagens de fantasia, consegue-se libertar a energia psíquica do Inconsciente e preparar a dissolução de complexos autônomos (Gallbach, 2000, p. 32).

Jung recomendava o trabalho com Imaginação Ativa acompanhado de imagens oníricas, para colaborar na constatação do teor emocional dessas imagens.

Mais recentemente, os psicodramatistas Fonseca Filho e Victor Dias desenvolveram uma técnica bastante similar à Imaginação Ativa junguiana, intitulando-a "Psicodrama Interno", que é utilizada no contexto da Psicoterapia Psicodramática Bipessoal, em seu aspecto introspectivo. O Psicodrama Interno permite "acalmar" os centros mentais intelectual e motor, propiciando que o centro emocional manifeste-se mais nitidamente, pelas imagens visuais internas. Por isso, inicia-se o Psicodrama Interno com um relaxamento muscular no qual o paciente focaliza sua atenção sobre as sensações corporais, sem alimentar pensamentos. Ampliando a consciência corporal, diminuindo o fluxo dos pensamentos, inicia-se o processo de visualização de imagens internas, que se manifesta por meio de cores, formas, movimentos, objetos, paisagens, figuras humanas e de cenas desconhecidas ou do passado. O psicoterapeuta sugere ao paciente deixar fluir seu "filme interno" e o acompanha valendo-se do que ele relata, sendo guiado por ele. Daí ele lança mão de técnicas psicodramáticas e cinematográficas: pede manifestações de sensações, solilóquios, inversões de papéis, espelhos, sugere *closes*, panorâmicas das cenas etc., para melhor facilitar a visualização e permitir descargas afetivas.

Outra técnica junguiana que pode ser usada por psicodramatistas em Psicodrama Bipessoal é a do *Sandplay*, ou jogo terapêutico da Caixa de Areia. Criada, em 1935, por Margareth Lowenfeld (com crianças), foi adaptada pela analista junguiana Dora Kalff, em 1956, para utilização com adultos. O *Sandplay* é uma técnica de terapia não verbal, vivencial, não racional, que visa a atingir um nível mais profundo da Psique, favorecendo uma regressão ao estágio do dinamismo matriarcal. Segundo a analista Estelle Weinrib (1993), o *Sandplay* favorece uma regressão criativa, que se torna terapêutica porque permite a expressão concreta, tangível e tridimensional dos conteúdos inconscientes. Permite também a reparação da imagem materna danificada, levando à recuperação do Ego ferido (da criança interna). Parte do princípio de que tal recuperação não se dá só com a ampliação da consciência, pois ela é um fenômeno emocional (não racional), que ocorre no plano matriarcal da Consciência, no nível pré-verbal. O simbolismo expresso nos cenários que o cliente cria espontaneamente na Caixa de Areia, exerce uma função terapêutica natural, agindo como ponte para conciliar opostos, como uma tentativa do Inconsciente para conduzir a libido regressiva para um ato criativo, mostrando os caminhos para as soluções dos conflitos. Por ser um jogo sem regras e basicamente não interpretativo, será útil ao psicodramatista que poderá ampliá-lo para além da análise do simbolismo do Inconsciente. Em experiência clínica, além do título para cada cenário, é solicitado ao cliente que crie uma história e a desenvolva, como em uma verdadeira psicodramatização, só que se baseando em miniaturas por ele escolhidas no cenário original, como um teatro espontâneo de marionetes. As cenas poderão ser desdobradas e o cliente ser entrevistado, assumindo os diferentes papéis dos elementos expostos em seu cenário, além de desenvolver diálogos, confrontos, criar novas cenas com realidade suplementar etc. Utiliza-se, não raro, a Interpolação de Resistência (técnica moreniana), introduzindo na cena dramatizada alguns elementos ou atitudes novas. Várias vezes, tem-se que reconhecer que a técnica junguiana do *Sandplay* pode ficar simplificada, transformada em um Jogo de *role-playing*, fugindo aos seus objetivos fundamentais, tão rigorosamente defendidos pelos criadores da técnica. Em muitas ocasiões, porém, observa-se que a dramatização das cenas não desvirtua a natureza do processo do Inconsciente em curso, mas facilita-o muito.

Como se vê, tanto para Jung quanto para Moreno, a fantasia, o jogo imaginativo e a intuição, no plano verbal e não verbal, não constituem esferas exclusivas dos artistas, mas são vitais ao pensamento científico, suplementando o pensamento racional. Foram por ambos valorizadas no contexto dos métodos psicoterápicos por eles criados, o que possibilita a interface que se observa em suas obras.

Psicodrama junguiano: nova proposta metodológica

Já me referi na apresentação deste trabalho a respeito do Psicodrama junguiano, que vem sendo desenvolvido na Europa, sobretudo na Itália, e em alguns países da América Latina. O psicodramatista Eugênio Garrido Martín escreveu a esse respeito, considerando o que destacou da leitura da obra moreniana:

> O Inconsciente Coletivo é formado por idéias comuns, idéias que existem em todos os homens. O Inconsciente comum está baseado na experiência biográfica das pessoas que vivem juntas, pessoal ou culturalmente. Isto significa que o Inconsciente Coletivo junguiano nada vale no momento de tratar um grupo (1996, p. 71).

Também Moreno chegou a equiparar Jung a Freud, criticando-o por adotar uma atitude de observador, mais do passado que do futuro:

> Ambos, Freud e Jung, estudaram o homem a partir do seu aspecto evolutivo – histórico – um a partir do aspecto biológico, outro a partir do aspecto cultural (Moreno, apud Martín, 1996, p. 72).

No entanto, apesar dessas ressalvas que demonstram o quanto os conceitos junguianos não foram considerados por Moreno, o movimento de aproximação da obra dos dois autores existe e desenvolve-se, demonstrando que os modos arquetípico e interpessoal de compreensão não são excludentes e podem ser úteis no processo terapêutico, individual ou grupal. No campo das psicoterapias, o objetivo dessa nova abordagem é elaborar grupal e individualmente todo o material que vai emergindo, tanto no aspecto grupal como no individual, privilegiando o trabalho com símbolos. Para isso, o instrumento mais usado tem sido o trabalho psicodramático com os sonhos e o seu simbolismo. No entanto, é de extrema importância a utilização de técnicas, como a da construção de imagens, o trabalho com formas gráficas, máscaras, telas, objetos intermediários etc. A técnica psicodramática mais utilizada nessa nova abordagem é, sem dúvida, o Jogo de Papéis ou *role-playing*.

Segundo o psicodramatista Roman Mazzilli (2000), que é adepto dessa nova abordagem, existem algumas características marcantes nela, que a diferenciam consideravelmente dos demais desdobramentos do Psicodrama psicanalítico. A tarefa da unidade funcional (diretor e ego-auxiliar), ou da co-direção dos terapeutas nessa orientação, é a observação da emergência de conteúdos/imagens arquetípicas que, com base no sonho ou na dramatização, vão surgindo no decorrer do trabalho. As cenas oníricas emergentes evocam imagens arquetípicas que, além de dramatizadas, são analisadas *a posteriori*, no momento da sessão na qual se estabelece o nível de elaboração verbal, na fase do compartilhar sentimentos.

Para ocorrer esse processo, parte-se da complementaridade entre a técnica do Duplo (de Moreno) e o conceito de Sombra (de Jung), por um lado; por outro, da complementaridade entre o conceito de Papel e o de personificação de Arquétipos. Na técnica do Duplo, como descrita no Capítulo 1, um ego-auxiliar representará aspectos que o protagonista não chegou a expressar ou a dramatizar. Segundo Roman Mazzilli (2000), é como se o ego-auxiliar representasse aspectos sombrios que o protagonista tem inibido, censurado ou reprimido, de forma consciente ou inconsciente. Todos os pensamentos, sentimentos e ações (tanto pessoais como coletivos), que o protagonista introjeta ao longo de seu ciclo vital e que são incompatíveis com seus aspectos egóicos conscientes, são trazidos à cena, graças ao Duplo, de modo que o Ego e a Sombra são confrontados.

Para Moreno, todo Papel tem um componente psicodramático e outro sociodramático, um componente pessoal e outro público, um componente individual e outro coletivo. É evidente que quando se dramatiza o papel de pai, por exemplo, não se dramatiza só a imagem de pai que se tem introjetada, mas também a imagem arquetípica de pai. Pelo trabalho de *role-playing* com o Papel e da construção de imagens, pode-se investigar e analisar o componente arquetípico de todo Papel e de todo vínculo interpessoal. Por conseguinte, na Psicoterapia de Grupo, as características pessoais de cada integrante vão emergindo e tenta-se discriminá-las e diferenciá-las das pressões e das expectativas coletivas do grupo.

O Psicodrama junguiano pode acabar tornando-se, para a maioria de seus adeptos, uma variante de um Psicodrama analítico, embora não no aspecto freudiano ou lacaniano, como é desenvolvido na França, em que se enfatiza bastante a questão da fala e da escuta. De certo modo, os psicoterapeutas devem estar atentos a diferentes níveis discursivos e transferenciais: o discurso do grupo, o discurso verbal de cada integrante do grupo e o discurso da dramatização, seja o protagonista um membro do grupo, seja todo o grupo. A tarefa interpretativa (hermenêutica) estará centrada em um eixo, que vai do grupo ao indivíduo e vice-versa, de forma vertical e horizontal, sempre em interação. E devem estar atentos aos fenômenos télicos que perpassam a relação terapeuta-cliente, bem como cliente-cliente, tratando-se da intersubjetividade dos grupos.

O Psicodrama junguiano, ao contrário do Psicodrama psicanalítico, enquanto abordagem pós-moreniana que está esboçando-se, privilegia o jogo imaginativo no "como se", como processo de Aquecimento para o trabalho terapêutico, em que inúmeras estratégias e técnicas são associadas e aplicadas de forma aberta, livre, passíveis de serem recriadas no movimento do contexto terapêutico. As estratégias desenvolvem-se na interação grupal, conforme as necessidades emergentes, funcionando como iniciadores e facilitadores do contato com o inconsciente, devendo, para tal, criarem uma atmosfera espontâneo-criativa em campo relaxado.

O jogo dramático é amplamente utilizado nessa abordagem. Diferencia-se dos demais jogos por facilitar a emergência de um conflito ou de um drama, como meio de realização e de recriação da própria vida. Desenvolve-se em um espaço virtual denominado cenário – e planejado no "como se" –, ou seja, no plano imaginário. É utilizado na etapa do Aquecimento da sessão (definida no Capítulo 1), em que são utilizados iniciadores emocionais, mentais, corporais, visuais, auditivos etc. Parte-se em geral de uma fantasia, uma emoção, uma imagem, um sonho, um trabalho corporal ou de um jogo que envolva tudo isso. A fase do Aquecimento procura situar o sujeito em um estado alterado da consciência, semelhante à hipnose, mas mantendo a consciência. Prepara o protagonista e o grupo para a fase da dramatização. O psicodramatista Pablo Población Knape destaca:

Nesta etapa, o que fazemos é concretizar a história do sujeito no cenário material, submersos neste espaço-tempo quase mágico do Momento. O aqui-e-agora toma vida e representa-se o mundo interior do protagonista [...]. Centraliza-se no hoje, como resultado final de um passado; e no hoje, como ponto de partida para um futuro, promovendo um projeto existencial em *status nascendi* (1998, p. 37).

Ao representar sua estrutura vincular interna, o cliente desvenda o seu drama. Desse encontro com sua estrutura mítica íntima, pode acontecer uma simples tomada de consciência ou uma emoção desestruturadora. Ambos os caminhos poderão ser trabalhados, abrindo o sistema íntimo para um replanejamento e reorganização. A dramatização é entendida como um ritual de cura, um ritual concreto de transformação ou de transição,

> que se estabelece em um intervalo de intemporalidade social, no qual não podemos mudar o mundo exterior, mas temos uma capacidade virtualmente sem limites de jogar com a versão interiorizada do meio ambiente que possuímos (Knape, 1998, p. 38).

Sabe-se que os ritos de passagem oferecem ao iniciado uma situação anormal, em um tempo anormal, em que se tenciona criar um espaço simbólico, como uma espécie de zona liminar entre este e outro mundo, entre o mundo humano e o dos deuses. O novo espaço do ritual de trânsito aparece no Psicodrama junguiano no momento da encenação, no espaço do ritual terapêutico. Ao final dessa etapa, quando se sai do contexto dramático para o grupal, no retorno ao grupo, os participantes não se empenham em analisar, encontrar relações lógicas, conceituar o ocorrido. Isso poderá até acontecer, como conscientização, mas não é recomendável, pois é mais importante nessa etapa final da sessão a troca de vivências e de emoções, o que ajuda todos a se situarem no mundo real e contribui para terminar de estruturar a rede vincular intragrupal, levando a uma Catarse do grupo.

O psicodramatista Carlos Menegazzo (1994) examina as bases do Psicodrama mediante o estudo das origens do ritual dramático na História da humanidade. Segundo ele, a dinâmica de grupo nos tempos primitivos era primeiramente regida pela razão mágica, centrada na figura do "mago", que liderava os rituais de magia. Nessa fase, a humanidade encontrava-se em um estágio urobórico de desenvolvimento, indiferenciado, de modo que o ser humano não se sentia distanciado do cosmo e dos objetos, mas essencialmente unido a eles. Nos rituais arcaicos (tem-se, por exemplo, os primeiros cultos dionisíacos), a encarnação mágica envolvia uma intensa carga afetiva que era mal distribuída, pois se centrava em um só indivíduo (o mago), levando ao sacrifício de uma vítima propiciatória, que era encarnada (como, por exemplo, os bodes expiatórios). Com a evolução das sociedades, houve um salto qualitativo, que tirou o homem do pensar mágico e o inseriu no pensar mítico. Passou-se do estágio pré-simbólico para o simbólico, com o advento da razão mítica, surgindo daí a representação ritual dramática, baseada na lei da imitação. Assim, evitaram-se as perigosas conseqüências do sacrifício da vítima encarnada, distribuindo melhor a energia afetiva entre todos os elementos do grupo. O sacrifício no rito mítico passa a ser simbólico. Assim,

> representar passa a ser oferecer intencionalmente, no momento escolhido, a possibilidade simbólica mediadora que sintetiza as experiências originais do clã e organiza de forma resolutiva o *pathos* mobilizado na comunidade (Menegazzo, 1994, p. 31).

Em conseqüência, os celebrantes podem pôr e tirar as máscaras dos heróis originais e dos deuses, diante dos expectadores, que com eles compartilham da simulação, buscando a superação do *pathos* grupal e individual. É como se cada celebração fosse a primeira com o objetivo de superar o *pathos* original mediante a reiteração de sua representação. No processo compartilhado, visa-se também à transformação do desconhecido no conhecido e integrado. Desenvolvem-se, com isso, os ritos no "como se", como um drama, em um jogo compartilhado por todos. E é aí que Moreno se inspira para criar o Psicodrama com efeito terapêutico.

Segundo Menegazzo (1994), esses ritos míticos contribuíram para que a sociedade real primitiva evoluísse para uma sociedade real religiosa, à medida que os diferentes mitos eram unidos em um todo estruturado, criando as teologias totalizadoras (a cosmovisão religiosa) e levando mais à frente ao pensar lógico das sociedades ideológicas e históricas. No entanto, nessas sociedades, a relação com o absoluto, o sagrado e o inquestionável ("numinoso") passou a ser substituída pelo dogma e pela sacralidade litúrgica, de modo que foi perdendo-se o contato com o verdadeiro Logus. No Psicodrama, J. L. Moreno desenvolve então uma metodologia de representação dramática grupal, no "como se", para atingir uma Catarse de Integração, como uma forma de se resgatar esse Logus perdido. Isso implica questionar em cena os mitos negativos, as Conservas Culturais e seus papéis cristalizados no passado, e colocá-los em crise. Após essa crise,

> o indivíduo e o grupo têm a oportunidade de se lançarem na representação livre de novos papéis na matriz social (Menegazzo, 1994, p. 47).

Segundo o autor supra citado, cabe ao Psicodrama, então, promover um salto axiológico. O indivíduo tem de ultrapassar uma ordem mágica urobórica original, ainda no seio de sua Matriz de Identidade, e de ultrapassar uma ordem mítica originada no seio de sua Matriz Familiar, que atuou como sociedade ideológica limitadora em sua vida. Deverá, finalmente, alcançar uma nova ordenação e criar suas matrizes lógicas no campo social.

Enfim, o Psicodrama junguiano preserva muitos dos princípios morenianos, realçando: o ato de assumir um papel e seu efeito de maturação do Ego; a noção de que se compreende melhor uma situação, arquetípica ou não, se ela for psicodramatizada, com efeito catártico integrador; e a importância do confronto com o grupo, levando a novas realizações, à recriação de papéis e a uma melhor interação com os demais. Utiliza-se também das técnicas morenianas como instrumentos eficazes para atingir uma "objetivação do subjetivo" e do intersubjetivo. No entanto, considera a principal mola do Psicodrama a sua eficácia como passagem do imaginário ao simbólico.

Segundo Didier Anzieu (1981), ao exprimir suas fantasias no "como se", o sujeito situa-se no registro do imaginário, da palavra vazia, da fascinação por alguma imagem de si mesmo; mas, ao psicodramatizar os seus papéis, ele vai-se constituindo no registro do simbólico. Pelo diálogo entre os protagonistas e seus egos auxiliares, ele não se detém no imaginário narcísico, mas assume a função simbólica, revelando a ordem ou o drama humano escondido ou subjacente. Os mitos individuais, as situações e tramas fundamentais dos quais não conseguiu livrar-se, em que se achou enredado, podem ser desmitificados, assim como os mitos compartilhados por determinado grupo, em determinada cultura.

A dinâmica das sessões leva à reconstituição das origens dos Complexos, àquilo que alguns psicodramatistas chamam de "cenas nodais" ou "nucleares". Promove essa reconstituição mediante liberação, com a Catarse de Integração. Tal representação permite também identificar as relações dialéticas que constituem a intersubjetividade humana (em torno das quais fantasmas e mitos se organizam) e identificar quais produções (mitológicas, ideológicas, utópicas etc.) são suscetíveis de desencadear. Portanto, oferece a oportunidade não só de explorar novos mitos, como também de testá-los e ultrapassá-los no contexto da realidade.

4

APROXIMAÇÃO CLÍNICA

Relato de uma experiência em Psicoterapia de Grupo

Com este capítulo, relato minha experiência clínica para ilustrar as considerações discutidas até o momento. A seguir, introduzirei um relatório de quatro sessões de Psicoterapia de Grupo no qual se pode observar a Construção da Identidade Adulta como tema central, constituindo o foco do *Self* grupal (caso se utilize uma linguagem junguiana), ou o Co-Inconsciente grupal, na linguagem moreniana. Utilizei como linguagem e metodologia de trabalho básica a Psicodramática, porém com tentativas de estabelecer associações e leituras junguianas, associando as duas abordagens, conforme foi descrito anteriormente.

O grupo em questão foi constituído de 14 elementos (na faixa etária entre 20 e 30 anos) e extraí de seu processo apenas algumas sessões, que demonstram etapas diferentes de seu desenvolvimento. A direção foi minha, em parceria com o psicoterapeuta Alberto Pereira Garcia. Para preservar o sigilo, os nomes e alguns dados dos clientes foram trocados. Foi solicitado ao grupo autorização prévia para relatar essas sessões em trabalho científico, e ela foi concedida. A seguir, relatarei fenomenologicamente as sessões de modo que o leitor possa melhor apreendê-las. Posteriormente, apresentarei um breve processamento teórico.

8ª sessão

Compareceram 12 membros. Começamos o grupo com um breve aquecimento corporal, pois nesse dia mudamos de sala e pedimos que reconhecessem o ambiente, percorrendo-a ao som de uma música suave. A sala era ampla, com tapete e almofadas no chão, estante com livros, quadros e duas prateleiras repletas de miniaturas. Solicitamos que observassem os objetos da sala, as miniaturas, os quadros, livros etc. e que escolhessem algo que mais se identificasse com o seu momento. Que dialogassem intimamente, em silêncio, com o objeto escolhido e vissem o que "este lhes dizia"... em resposta. Após alguns minutos de diálogo silencioso, pedimos que sentassem e, de posse de seu objeto escolhido, falassem de si por meio dele.

Viviane disse que era um "cristal" (para ela, simbolizando força, energia), um casal sob um coqueiro (pois estava apaixonada), um "Garfield" (alegre, mas meio preguiçoso) e uma pirâmide (que precisava ter uma boa base, para sentir-se segura). Renata escolheu o "canguru", alegando que ela sempre "ajuda e carrega a todos" (sic). Maria Cristina escolheu um "anjo", com "raios que saem do coração" (pois sente que se doa demais aos outros), além de um "palhaço" (porque está-se mostrando sempre alegre e brincalhona), e uma harpa e um sininho, pois alega "não se ouvir vibrar" (sic).

Silvia chorou bastante antes de verbalizar, mas finalmente se expressou: escolheu um "velho decepcionado, cansado, que busca colo, perdido da mãe", pois espera o que os outros não podem dar-lhe. Milena escolheu "Iemanjá" (a sedutora rainha das águas do mar). Falou de seus sonhos com mergulhos no mar, com golfinhos, nos quais iria salvar a vida dos filhotes. E de outros sonhos em que se vê flutuando, saindo do corpo. Foi questionada pelo grupo sobre de que está fugindo, se sente que é um "filhote agonizante" etc.

Tereza escolheu a "Sereia" e relatou seus medos de cair em tentação, de mergulhar de corpo e alma em uma relação, quando "a razão a manda refletir". Escolheu também um "velho pescador", que é seu lado sábio. Interpelada pelo grupo, disse que precisa aprender a nadar, para não se afogar quando "mergulha".

Laura escolheu uma casinha com um velho, em cujo portal estava escrito "Paz". Disse que deseja ter isso, pois está em conflito com o namorado. Referiu-se também a um quadro da sala, no qual estava escrito "acredite em seus sonhos". Vitor escolheu a "gaiola com pássaro preso". Alegou querer aprisionar-se em seu mundo de valores fechados, que para ele é um paraíso. Entretanto, por outro lado, quer voar, temendo correr riscos e sofrer. Mara referiu-se a um quadro de nanquim (com faces brancas e pretas, com imagens emaranhadas e confusas). Disse que se sentia confusa, mas que já está conhecendo a sua "outra face". Relatou uma relação afetiva recém-acabada, na qual se doou demais, foi traída, mas ela o aceitou de volta. Depois, mostrou sua face negra ao namorado e não foi por ele aceita. Chorou bastante em seu relato. Isadora, em seguida, escolheu um quadro de um "casal", referindo-se a ela e seu atual namorado. Disse que o acolhe muito, carrega-o, assim a associando como o faz Renata.

Ivana trouxe uma "almofada pequena". Disse que está triste porque quer dar conforto ao sogro (que se encontra doente no hospital) e está lembrando-se de seu pai (teme que ele adoeça e possa perdê-lo). Chora um pouco em sua fala. A última pessoa a apresentar-se é Karla, que preferia não falar, mas, cobrada pelo grupo, trouxe a imagem do "Diabo enrolado em uma cobra". Alegou que tem medo de cobras e dos homens. Que não consegue dar-se a eles, amá-los, e confiar neles. Desconfiada, rejeita-os ou os trai. Estava emocionada, mas sorria dissimuladamente e preferiu não entrar em detalhes. Como o tempo já havia se esgotado, após alguns comentários foi encerrada a sessão.

13ª sessão

Compareceram Maria Cristina, Ivana, Milena, Mara, Viviane, Tereza, Gustavo, Laura, Renata, Sílvia, Isadora e Karla. Começaram comemorando uma festa de aniversário (de Isadora) com bolo e refrigerantes. Ao final da folia, a terapeuta iniciou a sessão com uma técnica de Aquecimento, criando uma situação de "como se" e afirmando que passara pela porta da festa uma cigana e que espalhara algumas cartas sobre o chão. Agora, estava convidando-os a escolherem duas cartas. Que escolhessem naturalmente, por identificação, as imagens que mais os atraíssem... (eram as "Cartas dos Sonhos", de um analista junguiano, Strephon Kaplan-Williams).

Escolhidas as cartas (duas por pessoa), foram distribuídos com cada uma delas os cartões correspondentes, que continham algumas breves indicações sobre uma leitura arquetípica do Inconsciente projetado em cada imagem das cartas. Laura foi a primeira a falar, pois já estava bastante emocionada ao ler as cartas. Após ler para o grupo o que elas diziam, Laura relatou que estava sentindo-se exatamente daquela maneira, lutando e paralisada, sem coragem de assumir o que de fato sentia pelo seu namorado (relacionamento de nove anos), perante ele e sua família. Temia ser condenada, fazê-los sofrer, sentia-se obrigada a casar, culpada, sofria pressões da mãe. Era como se estivesse "cavando a própria cova". Todo o grupo se envolveu e opinou sobre as questões de Laura, à medida que ela era consultada pelos terapeutas. Chegou a relatar que se sentira envolvida por um amigo há dois anos e que de lá prá cá "algo morrera" e ela esperava que renascesse em sua relação com o namorado. O grupo compartilhou com ela experiências afetivas semelhantes.

A segunda pessoa a falar foi Milena, trazendo duas cartas, que para ela representavam sua necessidade de mergulhar no inconsciente e da integração de seus opostos. Concordava com o que as cartas lhe falavam. Maria Cristina foi a terceira pessoa. Disse, entre outras coisas, que não estava valorizando em si mesma as forças inconscientes mais íntimas, como afirmavam seus sonhos (alguns premonitórios, outros que lhe conectavam com um nível transpessoal, espiritual). Sonhara com um amigo recém-falecido, pedindo-lhe para se comunicar com seus filhos. Sentia-se como alguém forte demais, que apoiava a todos, fazia mil coisas. Estava esgotada, atropelava-se e não tinha tempo para cuidar de si. Afirmou que o corpo já estava sofrendo com isso. Estava com uma hérnia no estômago, com gastrite, defecando sangue há quatro dias e na iminência de realizar cirurgia do estômago.

A terapeuta sugeriu a ela trazer para trabalhar ali o seu estômago. Ela aceitou, o grupo concordou e convidou-a a deitar-se no centro da sala. Deixou apenas a luz verde acesa. Sentou-se ao lado dela e começou a massagear seu estômago suavemente. Pediu que fechasse os olhos e iniciou um relaxamento físico suave, para um trabalho de Psicodrama Interno. Depois foi conduzindo um diálogo entre ela e seu estômago. A certa altura solicitou imagens espontâneas e Maria Cristina trouxe duas imagens: uma "da alegre, boazinha, prestativa e idiota" e da outra, com "raiva, colérica". Estabeleceu um diálogo de confronto com ambas, assumindo os dois papéis, em um jogo de *role-playing* no qual a terapeuta assumia o papel complementar. Chegou a um ponto crítico em que uma das imagens provocava a outra. Nesse ponto, foi questionada se essa sensação de raiva que lhe vinha, fazia-a lembrar algo mais antigo. Foi instigada a rememorar quando tudo isso havia começado em sua vida.

Veio à tona uma cena infantil, na qual experimentou "engolir a sua raiva" por imposição da mãe. Foi obrigada a tratar bem sua prima, que acabara de quebrar sua boneca mais amada. Maria Cristina foi, em seguida, convidada a reviver ali esta cena e aceitou. Descarregou sua raiva, quebrando os brinquedos da prima (simbolizados nas almofadas da sala, que lhe foram jogadas) e, ao mesmo tempo, verbalizou para sua mãe o que desejara dizer e não disse (naquela ocasião). A terapeuta assumiu o papel de sua mãe e a provocou. Após reagir, chorou bastante e acalmou-se. Solicitada pela terapeuta, esclareceu que queria agora "matar" aquela mãe repressora dentro de sua cabeça. Confrontada com essa mãe interna, escolheu manter viva uma parte dela, a parte que a apóia, protege; e matar a parte materna que queria vê-la sempre boazinha e reprimida. Afirmou que não queria ser igual à mãe, que, por sua vez, também era reprimida, infeliz e sofria de dores de estômago. Maria Cristina em solilóquio, exausta, disse, finalmente, que queria ser feliz. Visualizando no concreto com duas almofadas, representando as suas "duas mães internas", escolheu jogar fora a que a reprimia e ficar abraçada com a que a apoiava. A cena aí foi encerrada e Maria retornou ao grupo.

O grupo foi solicitado a manifestar-se, dizendo ou fazendo algo. Alguns decidiram abraçá-la longamente, em silêncio... Estavam emocionados, com uma reação emocional em cadeia. Isadora ficou chorando, imóvel e pediu a Maria Cristina que dela se aproximasse, pois não conseguia mexer-se. Afirmou que também não queria ser igual à mãe e lutava muito por se diferenciar dela, mas tinha medo. A terapeuta pediu-lhe que revelasse um pouco mais do que se passava com ela. Relatou que tinha tido um dia horrível, embora fosse seu aniversário. Fora obrigada, pela mãe, a reconhecer o corpo da tia que falecera e a vesti-la, mas sem chorar (como a mãe sempre agira, "dando uma de forte"). Trêmula, revelou que morria de medo de não conseguir ser "ela mesma".

Logo em seguida Sílvia, que estava chorando no colo de Milena, foi acolhida pelo terapeuta. Ele a questionou. Ela apresentou suas cartas, que para ela representavam a sincronicidade e o crescimento. E, no momento, trouxe um sentimento de culpa pela morte da mãe, pois sentia que "era ela que tinha autorizado a sua morte", deixando-a ir. Contou que fora obrigada pela família a "se despedir" da mãe na Unidade de Terapia Intensiva (contava, então, com 15 anos), pois senão "esta iria querer ficar sofrendo, viva". Relatou que, na ocasião, falou à mãe o que não gostaria de dizer. Foi solicitada pelo terapeuta a dizer ali o que sentia realmente. Conduzida ao centro do grupo, a terapeuta assumiu o papel de sua mãe no leito de morte e Sílvia lhe falou o que realmente desejara dizer, em uma despedida. Disse de sua saudade, de seu desejo que a mãe não a deixasse só etc. Após muito chorar, foi abraçada pelos terapeutas, que fizeram algumas intervenções de apoio para Sílvia aceitar "a ida" de sua mãe e acreditar em sua capacidade de viver sem ela, sem culpa.

Alguns minutos se passam, ela fica mais calma. Nesse momento Maria Cristina pede à terapeuta para falar com Sílvia sobre algo que "estava lhe vindo", espontaneamente, e que era "da mãe dela". A terapeuta permite, afasta-se e dá espaço para Maria, que entra no papel da mãe de Sílvia e conversa com ela, baixinho, abraçando-a. Refere-se à aceitação da morte como algo bom, que ela está bem e bem próxima de Sílvia, que chora convulsivamente e depois vai acalmando-se.

Maria Cristina afasta-se lentamente. Ambas são consultadas pelos terapeutas para se certificarem de que estão bem. Sílvia prefere não falar sobre o que está passando-se, pede um tempo em silêncio. Consultam como está o grupo. Nesse momento, quase todos choram em silêncio. Ivana dá um depoimento, alegando que ela também estava lutando para ser diferente de sua mãe, mas que tinha certeza de que já estava conseguindo. Disse a Maria Cristina que estava feliz por ela ter conseguido se colocar no grupo, inclusive assumindo que ela é uma espécie de "contato espiritual", que possui um traço sensitivo. Maria observou Gustavo, que estava um pouco tenso e ofegante. Pediu que ele se colocasse.

Nesse momento, Gustavo demonstrava respiração ansiosa. O terapeuta começou a massagear suas costas e a solicitar que deixasse sair o que vinha. Ele ficou alguns minutos em silêncio e decidiu nada expressar. Falou ao grupo que não era o momento ainda. O grupo decidiu deixar o silêncio falar por si, pois viviam algo que consideravam um momento mágico. Finalmente a sessão foi encerrada, após alguns comentários sintéticos do terapeuta. Naturalmente, o grupo começou a se despedir, em longos e afetuosos abraços.

16ª sessão

Foi feito, inicialmente, um Aquecimento inespecífico, com o reconhecimento do novo espaço físico, pois nesse dia haviam mudado para um novo consultório. Foi solicitado andar pela sala e explorar o ambiente em silêncio. Foi sugerida uma técnica para promover o reconhecimento do grupo pelo contato não verbal: todos em contato com todos, de modo espontâneo, com fundo musical, interagindo com abraços, gestos etc. Uma vez todos deitados, foi conduzido um relaxamento individual, procurando identificar os sentimentos emergentes naquele novo espaço. Usando a imagem do "ritual de passagem", como a entrada em um "novo ninho", a terapeuta falou: "Experimentem como se deu a passagem do antigo para o novo... o grupo já nasceu... já foi parido... agora, está em um novo ambiente, em uma espécie de ninho... entrem em contato com a emoção presente nesse ninho... verifiquem qual o anseio mais presente... se desejam voar... o que identificam como desejo para um primeiro vôo... Imaginem-se pássaros que se aquecem e se preparam para voar... experimentem suas tentativas... deixem o corpo decidir por seus movimentos... entrem em contato com suas dificuldades e desejos... esbocem um projeto de vôo e tentem voar... em câmera lenta.."(sic).

Colocou-se música suave de fundo. Após um tempo, o grupo movimentou-se lentamente. Alguns se movimentaram e "voaram", inclusive dançaram entre si (Gustavo, Laura, Ivana, Mara e Renata). Alguns se ajoelharam (Viviane e Isadora) ou ficaram sentados em movimento de dança individual (Karla). Alguns permaneceram deitados com movimentos (Vitor) e outros, imóveis (Sílvia, Milena, Tereza e Maria Cristina). Após ser solicitado o "congelamento" da cena, foram pedidos solilóquios individuais (uma palavra do sentimento presente em cada um deles). Verbalizaram: alegria, prazer (Karla, Renata e Mara); harmonia (Gustavo); cansaço (Viviane e Isadora); impotência (Maria Cristina.); imobilidade (Milena); tentativa (Sílvia); liberdade (Vitor); e fábula (Tereza).

Após comentários sobre como cada um se sentia, alguns *insights* foram promovidos. Por exemplo: Milena e Sílvia viram-se "complementares". Uma (Milena), desejando se imobilizar, quieta, boiar na água, permanecer no ninho, não agir mais compulsivamente, como sempre agiu antes; outra (Sílvia), por sua vez, desejando movimento, mas esperando que lhe dessem passagem, sentindo-se despreparada para um primeiro vôo. Perceberam que enquanto aquela não gosta do ninho materno (tem dificuldades de aceitar a mãe), esta quer retornar a ele, sonha ainda com o ninho perdido (perdeu a mãe aos 15 anos). Reconhecem-se complementares, que uma deseja o que a outra tem, por isso se sentem tão especialmente atraídas uma pela outra.

Após verbalizações individuais de todos, Tereza, que estava deitada, estimulou-se a falar após Karla relatar sua alegria por estar agora apaixonada. Disse vê-la mais bonita e estar feliz por ela. Daí, resolveu falar de sua "fábula". Sentira-se uma "Branca de Neve". Assistira à nova versão do conto no cinema e identificara-se muito com a personagem. Sentia que estava à espera de seu príncipe, que ele a despertasse do sonho de alienação em que vivia. Que a amasse como seu pai a amou. Que havia mordido a maçã da Bruxa, bruxa que era, para ela, "a própria realidade que levara seu pai e seus sonhos..."(sic). Essa bruxa interna a fazia crer só em tragédias em sua vida, desde que seu pai falecera (por exemplo: acreditava que com um pequeno corte iria contrair tétano, uma simples engasgada iria sufocá-la etc.). Achava que tudo poderia fazê-la morrer, pois, "no fundo, desejava ficar ao lado do seu pai" (sic).

Ela foi convidada pelos terapeutas a vivenciar o papel da Branca de Neve e aceitou-o, após a concordância do grupo. Escolheu montar a cena em que Branca de Neve está deitada no caixão de cristal, dormindo envenenada, à espera do príncipe. Deitou-se no palco virtual, no centro do grupo. Foi orientada pelos terapeutas a fazer atuar a sua Branca de Neve, a recriar ali o conto original. Pediu que, na cena, entrasse seu pai ao seu lado, fazendo-lhe carinho na cabeça, e escolheu Gustavo para ser seu Ego-auxiliar nesse contra-papel. Iniciou um diálogo interno com seu pai, de olhos fechados. Falou-lhe de sua dor por perdê-lo e do quanto o buscava nos homens, sujeitando-se a muitas situações de rejeição. Relatou várias cenas de seu cotidiano. Chorou, emocionou-se muito. Ao inverter, ou seja, entrar no papel de seu pai, passou-lhe a segurança de que seu amor não havia morrido, mas existia dentro dela. Despediu-se ali de seu pai, com muita emoção, fazendo o que não tinha tido a oportunidade de fazer na realidade, já que ele morrera de infarto fulminante.

Em seguida, os terapeutas sugeriram que escolhesse um novo papel e ela escolheu que a Bruxa viesse, que dialogasse com ela. Resistiu muito ao fato, não conseguindo entrar e encarnar bem o papel de sua Bruxa interna. O terapeuta encarnou-o (como Ego-auxiliar) para ajudá-la a encarar este confronto. Obteve, porém, alguns *insights*, referindo-se à Bruxa como parte dela mesma, o seu lado diabólico, que lhe põe em risco e lhe impõe tragédias, impedindo-a de ser mais livre e feliz. No final da dramatização, foi convidada a experimentar acordar e levantar, sem esperar pelo príncipe. Ela sorriu e levantou-se, alegando, agora, ter certeza de que guardava o amor do pai dentro dela, não se sentindo tão carente. Sentia-se agora mais preparada para dar fim a um relacionamento afetivo com um namorado que não mais a satisfazia, por envolvê-la em situações de sofrimento e rejeição intensa.

Após o término da dramatização, retornou ao grupo, que compartilhou situações semelhantes de perdas, "espera de príncipes" e de "bruxas internas". Recebeu beijos e abraços de alguns participantes, em especial de Karla, Viviane e Milena. Outros comentários foram feitos quanto aos riscos e medos de "sair do ninho e enfrentar a floresta", quanto ao que está mais ou menos adormecido em cada um, às bruxarias que impomos a nós mesmos etc. O sentimento do grupo estava em harmonia e consonância. Tereza revelou que estava bem aliviada e que a sua angústia do peito, que sentia há três semanas, passara. Lembrou que ficara bastante aflita, desde a sessão das Cartas dos Sonhos, refletindo bastante em casa, mas preferindo ficar calada no grupo. Temia ocupar o tempo do grupo consigo, achava que não lhe dariam tanta atenção, tanto tempo... O grupo a acolheu e todos se revelaram agradecidos e enriquecidos com as suas revelações.

17ª sessão

Os terapeutas começaram perguntando como estava se sentindo cada membro do grupo. Inês comentou que não estava bem. Estava coordenando umas trilhas "espiritualistas" por uma serra, com uma terapeuta xamã, fazendo paralelamente dança sagrada, dando aulas, fazendo faculdade, preparando espetáculo de dança do ventre, preparando-se para casar etc. E dizia que era "muita coisa misturada" e não sabia mais "quem era ela, em tudo isto" (sic). Estava insatisfeita, não se via inteira em nada, imitava muito os outros. A trilha que seguia era mais "do jeito da xamã" que do seu jeito. Queria dedicar-se mais ao curso, mas aí também se sentia deslocada, fugia do academicismo. Vinha tendo diariamente pesadelos que a faziam acordar assustada, com medo exagerado (um dia, foi até dormir na cama com o pai). Sonhava sempre com bichos selvagens, com mortos que encontrava no fundo do mar, com animais atacando e mordendo. Em um dos sonhos, ela era um leão que se defendia dos ataques, mas também estava atacando.

Os terapeutas sugeriram trabalhar esses sonhos. Ela aceitou, o grupo foi consultado e autorizou. Inês foi chamada ao palco virtual e escolheu a imagem do leão. Concretizou-a em seu corpo, em posição de ataque com garras aparentes (mais parecia um passo de dança), escolhendo como Ego-auxiliar Laura, para representá-lo. Solicitamos a ela ir além do sonho, trabalhando agora com Realidade Suplementar, colocando objetivamente, em cena, de quem ou do que ela se defendia ou atacava.

Ela foi colocando os elementos no palco, escolhendo todos os membros do grupo para compor a cena, cercando-a (ao leão) — como partes de seu mundo interno. Colocou o pai repressor e militar (Gustavo); a mãe repressora (Maria Cristina); a avó bondosa e religiosa (Ivana); a sociedade preconceituosa (Tereza); sua vontade de dançar, mas precisar emagrecer (Viviane); as cobranças do curso (Karla); seu lado criança-submissa (Renata); sua mente que lhe cobra (Milena); sua fragilidade (Mara); as freiras repressoras do colégio interno (Sílvia). Após montar a imagem, Inês viu-se de fora, em Espelho; e de fora da cena dialogou com seu leão interno. Depois, entrou em seu papel de leão. Assumindo o seu "bicho selvagem" interno, sendo entrevistada nesse papel pelos terapeutas, foi-se confrontando, com diálogos e várias inversões de papéis, com todos esses elementos, a começar com seu pai. Diante de cada um deles era estimulada não só a fazer sua Catarse emocional, mas a escolher, no aqui-e-agora, o que fazer com esse vínculo, onde recolocá-lo em sua vida, como conviver a partir daquele momento com ele etc. Assim, um por um, ela foi abrindo o cerco, recriando suas relações.

No final, retirou muitos elementos e restaram apenas partes dela mesma (sua fragilidade, sua mente) e a dança, seu curso, a sociedade e sua avó. Foi sugerido pelos terapeutas que ela fizesse uma segunda imagem com esses elementos. Ela criou uma imagem na qual abraça a todos, reconhecendo-os como partes dela. Congelada a cena do abraço, foi questionada pelos terapeutas se era possível assim, meio apertada, "construir a própria trilha". Ela afirmou que não, que não se via bem, estava sufocada. Escolheu fazer outra imagem. Pediu-se que a fizesse dançando, em câmera lenta, refazendo sua trilha ali, e falando (em solilóquio), enquanto se movimentava lentamente. Ela assim fez uma espiral e foi parando diante de cada elemento, dialogando e invertendo o papel com eles, nesse diálogo. Posicionou-se diante de todos. Os terapeutas intervieram também nessa cena, como Duplos seus e de seus personagens internos. Inês pôde fazer associações com muitos aspectos de sua vida e obteve muitos *insights* dramáticos (na ação). Finalmente, disse já estar bem e mais aliviada, sentando-se todos para a fase do compartilhar sentimentos.

Todos falaram que o papel encarnado de Ego-auxiliar caiu muito bem para si mesmo, que a percepção intuitiva de Inês estava ótima. Por exemplo: Tereza e Viviane lembraram que sofreram o mesmo preconceito da sociedade quando os pais se separaram. Mara identificou-se com a fragilidade; Gustavo lembrou-se de seu pai também rígido e militar, com quem sempre teve conflitos ("apanhava" muito dele), mas temia enfrentá-lo, relatando lembranças de cenas de sua vida. Não sabe argumentar diante do pai, fica com muita raiva retida e acha que desenvolveu sua gagueira por isto. Sílvia lembrou-se da educação religiosa que recebeu do pai (um ex-padre), que escolheu um nome bíblico para ela e cobrava-lhe um comportamento de Santa. Hoje, sente muita repressão sexual e dificuldades de se relacionar com seu namorado. Assim, após vasto e intenso compartilhar de todos, a sessão foi encerrada, com abraços espontâneos na despedida.

28ª sessão

A sessão inicia-se com todos presentes, em um colóquio natural, que se direciona para o relato de alguns sonhos. Uma das participantes, ao contar seus sonhos, empolga mais o grupo que os demais. A sonhadora é Maria Cristina, tem 25 anos, solteira e está sem namorado há algum tempo. Ela trouxe três sonhos, um deles muito antigo, em que sentia um pênis crescendo nela. Nessa época, relata ter ficado muito assustada e questionando sua definição sexual, pois tinha um noivo que lhe era submisso, sentindo prazer em manipulá-lo, desprezá-lo. Dos sonhos recentes, no primeiro ela lembra que tem um homem estranho, subindo em um elevador para encontrá-la. Ela sente muito medo dele e corre assustada para esconder-se em um banheiro feminino, para ficar trancada. O homem não aparece. Ouve uma voz que lhe aponta a própria mão e lhe diz que "só lhe resta masturbar-se, ser auto-suficiente". Ela acorda. Em outro sonho, relata que está nua diante de outra mulher, ambas sentadas no mar (no raso), trocando carícias. A outra mulher pega sua mão e faz com que ela se masturbe. Há pessoas em volta observando a cena, debatendo se o que observam é certo ou errado. Há opiniões divergentes, uns defendem, outros atacam. No meio das duas mulheres, de repente, aparece um bebê muito bonito, como se surgisse das duas.

A sonhadora relata para o grupo suas associações perante os sonhos, que estes lhe revelam um medo do masculino e uma imagem muito negativa dos homens, e que recebeu influência da mãe (afirmando-lhe sempre que "os homens não prestam" e só fazem as mulheres sofrerem). Cresceu proibida de brincar com os meninos, observando seu pai, irmão e tios maltratarem suas mulheres. Não se permitia e temia ser feminina e vulnerável, pois achava que seria "uma idiota completa e infeliz" (sic). Percebia também em si mesma muitas características culturalmente atribuídas aos homens. Por outro lado, só namorava com homens frágeis, para poder dominá-los, massacrá-los. Entretanto, estava com medo desse seu aspecto masculinizado, queria mudar, experimentar o amor.

Convidada a vir ao palco para dramatizar seus sonhos, trouxe a princípio uma internalização, um diálogo consigo mesma, com a mulher sensível e vulnerável dentro dela, que é sufocada e que ela não permite nascer. Dando voz a essa mulher (assumindo seu papel), pediu espaço para demonstrar seus sentimentos, pediu para a "mulher forte" não a sufocar mais. Após esse confronto, com várias inversões de papéis, foi convidada pelos terapeutas a trazer o primeiro sonho relatado, em que foge da figura masculina. Refez a cena do sonho e trabalhou com Realidade Suplementar, recriando o sonho de onde ele parou. Ao entrar em contato com o medo de abrir a porta do banheiro para conhecer o homem, sentiu-se paralisada, impotente, imobilizada pelo medo. A terapeuta questionou, nesse momento, se desejava ajuda. Pediu ajuda "da outra mulher dentro dela" que precisava aceitar, da mulher vulnerável. Escolheu uma integrante do grupo para ser essa parte de si mesma, "a mulher vulnerável", e o terapeuta foi escolhido para representar o papel do homem desconhecido. A porta foi representada por uma almofada grande, que era sustentada à sua frente por outro integrante do grupo. Iniciou-se a cena e, após muitos diálogos, com a ajuda "da outra mulher, a mais sensível e feminina", finalmente ela conseguiu sair da paralisia e enfrentar seu medo, removendo a porta (apesar da pressão oferecida, maximizada pelo Ego-auxiliar). Aberta a porta, dialogou com o homem à sua frente, experimentando como se sentia diante dele nos dois papéis (da mulher forte e da frágil). Revelou, em solilóquio, uma sensação agradável de liberdade e esperança, pois sentia que, ao abrir aquela porta, estava derrubando as imagens impostas por seu pai, seu irmão e, sobretudo, por sua mãe. Abraçou, afinal, longamente a "outra", chorando bastante.

Foi convidada pelo terapeuta a voltar à cena do sonho do mar e ser aquele bebê, que parecia nascer do "encontro" de duas mulheres opostas. Ela assumiu o papel do bebê e falou por ele, revelando que se sentia aberta à vida, às sensações e às novidades do mundo, que manifestava seus desejos, que queria ser protegida, pedir ajuda, pois não queria ser auto-suficiente. Queria dar e receber amor, sem medo de demonstrar suas necessidades (sic).

Saindo da cena, o terapeuta convidou a sonhadora a dizer de quem desejava pedir afeto, ali no grupo, no aqui-e-agora. Ela se aproximou de todos e, perante cada um deles, foi abraçando e dizendo o quanto não era onipotente e precisava do afeto deles. Após essa passagem pelo grupo, sentou para compartilhar com todos os sentimentos neles despertados, após a sua dramatização. Após algumas semanas da realização desse trabalho, a sonhadora apaixonou-se e começou a namorar com um rapaz de forma saudável e terna, com entrega afetiva, como antes nunca conseguira.

Breve processamento teórico desse relato

Jung não fazia objeção à terapia de grupo, realçando seu benefício em constelar o comportamento social do indivíduo, o que, às vezes, não acontecia na análise individual, considerando-a, inclusive, como um tratamento complementar à análise individual. Alertava, porém, para o perigo de que fosse projetado no grupo um pai ou uma mãe, dificultando o processo de Individuação. Alguns analistas junguianos, a exemplo de Marie-Louise Von Franz, não são favoráveis à Psicoterapia de Grupo, alegando que ela perturba mais do que colabora com a análise individual, segundo ela, por amenizar o efeito transferencial, reforçar o Ego e não facilitar o reconhecimento do *Self*, oferecendo ao indivíduo uma perda da liberdade individual. Esta autora enfatiza que a análise em grupo

> impede que o evento interno salvador ocorra, ou seja, a experiência do Si mesmo pelo indivíduo. O *Self* só pode ser encontrado quando estamos sozinhos (Von Franz, 1999, p. 316-7).

No entanto, muitos analistas junguianos discordam dessa posição e têm desenvolvido a Psicoterapia de Grupo, partindo do princípio de que o *Self* individual e o *Self* grupal podem emergir em um processo grupal e serem reconhecidos; o Ego pode não ser necessariamente "reforçado" em uma experiência grupal e esta pode ser uma excelente oportunidade para observar e trabalhar suas inflações; o efeito da Transferência múltipla e interpessoal que ocorre nos grupos pode ser favorável ao desenvolvimento terapêutico, de modo que ele também é apoiado por uma relação mais real (não só pela transferencial). Um dos analistas junguianos que aceitam e desenvolvem o trabalho grupal é James Hall. Em sua opinião,

> [...] um processo de grupo tende a evocar estados de Ego afetado em uma situação imediata, tal como ocorre nos sonhos. Além disso, há uma constelação diferente da *Persona* e da pessoa em um ambiente de grupo. Muitos pacientes sentem que a aceitação de um analista oferece pouco alívio para a culpa opressiva.(...).O ambiente de grupo parece constelar o senso arquetípico de uma sociedade ou família; por conseguinte, a aceitação por um grupo promove freqüentemente um sentimento maior de auto-aceitação no paciente (1987, p. 80).

Já Moreno, por sua vez, privilegiava o tratamento grupal e definia o Psicodrama "como a terapia profunda de grupo, que começa onde termina a Psicoterapia de Grupo, ampliando-a, para fazê-la mais eficaz, indo além da ab-reação e da análise" (1980, p. 105), sendo considerado também o pai da Psicoterapia de Grupo, como se viu no Capítulo 1. Lembra que um trabalho analítico puramente verbal não seria suficiente. Segundo ele, no Psicodrama

> o mundo como um todo, com seus medos e seus valores, transforma-se em uma parte da situação terapêutica [...]. O Psicodrama penetra a verdade da alma através da ação (ibidem, p. 106)

pois

> coloca o próprio psiquismo e seus problemas em cena (ibidem, p. 109).

Na sessão psicodramática,

> [...] ilusões e alucinações ganham forma através da corporificação no cenário e são colocadas em igualdade de condições com percepções nor-

mais. A imagem cênica é construída de acordo com as necessidades terapêuticas. Suas formas e espaço orientam para dimensões verticais (provocando, com isso, descontração) e permitem movimento e elasticidade da ação (ibidem, p.107).

Portanto, ao contrário de uma postura individualizante, no Psicodrama é essencial o estar engajado em uma ação comum, mas sem perder a singularidade individual. A seguir, como extrair algumas observações do relato das sessões anteriores, partindo dessas abordagens aparentemente díspares.

Fazendo uma leitura psicodramática do estágio grupal, observa-se que, na 8ª sessão, o grupo ainda estava iniciando a fase do Reconhecimento Grupal, partindo de um momento individualista e saindo da fase caótico-indiferenciada que todo grupo experimenta em seu início. Era uma fase de Aquecimento inespecífico, de apresentação. A projeção de elementos pessoais nos símbolos das miniaturas, objetos e quadros espalhados pela sala contribuiu para facilitar esse processo de Reconhecimento do Eu e do Tu, em nível de *Persona*, de contato entre a realidade externa e interna. No entanto, alguns elementos sombrios já puderam ser ativados e manifestados no movimento de ampliação crescente da consciência, projetados externamente nos objetos escolhidos.

Na 13ª e 16ª sessões já se pode observar o quanto o estímulo do Jogo das Cartas dos Sonhos ativa imagens, que mobilizam emocionalmente o grupo no âmbito mais profundo, arquetípico, trazendo situações da dinâmica de dependência, emergindo papéis ligados à dinâmica do Matriarcado e do Patriarcado, que são então protagonizados. O grupo encontra-se em um momento em que é importante desenvolver a autonomia e a autodeterminação do Ego, dissolver as identificações com os pais reais e arquetípicos, em busca da própria identidade. Foi visto o exemplo evidente do despertar do sono da "Bela Adormecida" para encontrar a sua sabedoria feminina, as suas forças criativas.

Na busca de melhor desenvolver e reconhecer a Matriz de Identidade (e poder re-matrizar), os elementos do grupo (que estão saindo da fase adolescente) necessitam trazer cenas de suas relações com os papéis "complementares internos primários" (pai e mãe). Nessas cenas, identificam o desenvolvimento de suas defesas em seu *locus*, matriz e *status nascendi*. Viu-se como as cenas dessas duas sessões possibilitam, via psicodramatização, no contexto do "como se", momentos de Catarse de Integração parciais e *insights* de ação dramática, fenômenos de efeito terapêutico.

J. L. Moreno referiu-se ao processo de aprendizagem da autodescoberta como possível no Psicodrama, muito mais pelo *insight* de ação que pela interpretação verbal. Tal *insight* se refere a um olhar para dentro, em busca da consciência do *Self*, por meio de um *acting-in*. Para ele, o Psicodrama tenta, com a cooperação do paciente, transferir o interior para o exterior, objetivar o subjetivo. Uma vez completada essa fase de objetivação, tem início uma segunda fase, em que se re-subjetiviza, se re-organiza e se re-integra o que foi colocado em evidência, possibilitando uma espécie de "experiência emocional corretiva". A afirmação de Moreno (1923), de que toda verdadeira segunda vez é a reafirmação da primeira, representa a chance de se oferecer ao adulto a oportunidade de experienciar o que lhe faltou no passado (uma espécie de Realidade Suplementar), de maneira nova, libertária, criativa e mais satisfatória.

A Realidade Suplementar ocupa um espaço intermediário entre a fantasia e a realidade e, vivenciá-la, promove uma interação entre elas, de modo que uma proporciona à outra se revelarem. O protagonista é enriquecido com uma experiência nova e alargada de realidade, uma experiência pluridimensional. Afirma o psicodramatista Moysés Aguiar:

> A delimitação de um palco para a representação psicodramática responde à necessidade de definir com clareza o contexto em que as coisas acontecem. O que é dramatizado é fantasia e, como tal, deve ser compreendido, embora contenha em si também a realidade, como uma espécie de curto-circuito, o que permite a mútua fertilização: da fantasia para a realidade, da realidade para a fantasia (1988, p. 54).

A experiência da Catarse de Integração inclui não apenas a liberação e o alívio das emoções, como sua ordenação e integração, com ampliação da consciência no aqui-e-agora. Isso se dá não apenas com os protagonistas do drama, mas também com todo o grupo, em maior ou menor grau, pois o Drama é coletivo, como se pode constatar nas sessões relatadas.

A Catarse não é induzida nem inibida, mas autorizada a emergir ao seu próprio tempo e da forma que é própria ao protagonista. Pode-se ver nessas sessões que estes são convidados a maximizar seus sentimentos e se permitirem à sua fluência, a expressarem seus pensamentos e sentimentos em ações, gestos e movimentos. Desse modo, a cena psicodramática move-se para um clímax, possibilitando tanto o *insight* como a integração. No entanto, é essencial que o protagonista esteja consciente, pois a ligação entre o afetivo e o cognitivo é necessária, para que o protagonista possa integrar a sessão, mesmo que de modo parcial. O processo psicodramático promove uma Catarse que não proporciona só um "bem-estar", mas redimensiona o Ser, como se dessa forma se descobrisse uma nova significação libertadora, reveladora e transformadora. A nova visão que se adquire é panorâmica, pois ao mesmo tempo envolve as relações e os papéis sociais, psicodramáticos e imaginários. Como se, com base nela, o protagonista pudesse transitar entre a fantasia e a realidade, sem se perder.

Segundo Kellerman (1998), com a ajuda de auxiliares, o cenário psicodramático se oferece como veículo extraordinariamente poderoso de externalização das imagens mentais internalizadas. A dinâmica das experiências internalizadas, as lembranças, os eventos traumáticos repetidos e antecipados, e as reações simbólicas fazem parte de um complexo psicodramático que se pode chamar de "subjetividade íntima", que é também de fundamento mitológico e/ou arquetípico. Tal fundamento está ativado na Psique pessoal e coletiva, e necessita de externalização. Uma das formas de se entrar em contato com esses mitos privados e coletivos é manifestá-los em um contexto de validação social, permitindo um mínimo de realização simbólica, seguida da oportunidade de se ampliarem percepções, complexos e conflitos. Citando este autor:

> Os conflitos interpessoais podem ser comparados a imagens internas de figuras parentais fortes, as quais exercem uma poderosa influência

sobre um *Self* desamparado e inferiorizado. Quando essas imagens são projetadas em pessoas reais, no mundo externo, vêm à tona emoções intensas, de origem infantil, que se projetam como sombras sobre relações concretas do aqui-e-agora (1998, p. 111).

Ao trazer a fábula de uma Branca de Neve adormecida em seu caixão de cristal, que precisa despertar do sono alienado em que recupera a imagem do pai, uma das protagonistas revela a emergência de seu mito pessoal, porém causa a emergência, no Co-Inconsciente grupal, do tema transferencial presente nas relações afetivas. Também ativa o que constitui a temática do *Self* deste grupo, no momento da sessão. Traz um mito que é compartilhado pelo grupo. Daí desencadear reações em cadeia de identificação, no momento do *sharing* ou compartilhar grupal.

Já foi visto neste livro o quanto C. G. Jung dava importância ao mundo interno dos seres humanos e aos complexos padrões subjacentes às representações simbólicas, que continuamente se manifestam, em especial nos sonhos e nas fantasias. Ao utilizar a técnica da Imaginação Ativa em terapia, aplicou o princípio do "como se", tanto quanto Moreno, buscando pela "realidade suplementar" apreender, fenomenologicamente, a verdadeira experiência do cliente.

Na 17ª sessão, a protagonista parte de uma imagem onírica que é dramatizada – e é partindo de um Onirodrama que se vivencia uma Realidade Suplementar, na qual ela vai tendo a oportunidade de integrar elementos dissociados de si mesma. A escolha de elementos do grupo como Egos-auxiliares vai revelando aspectos télicos presentes da dinâmica interpessoal do grupo, contribuindo para que identificações e projeções sejam colocadas e esclarecidas. Nessa 17ª sessão, percebe-se que já não é necessário o inicial Aquecimento Inespecífico, pois o grupo já se encontra em uma fase de desenvolvimento de maior Circularização, entrando na dinâmica dê alteridade, da interação, permitindo-se ao trabalho no contexto psicodramático com maior compromisso e emocionalidade coletiva.

Na 28ª sessão o grupo está em um nível mais elevado de diferenciação e de reconhecimento grupal, ou seja, na fase que

Fonseca Filho (1980) define como de circularização, capaz de acolher um trabalho mais profundo de protagonizações, como é o caso do Onirodrama. Nessa sessão é realizado um trabalho com sonhos que tenta integrar a perspectiva simbólica de Jung com a dramática de Moreno. A sessão nos remete ao tema da diferenciação do papel sexual feminino e ao encontro com o *Animus* (contraparte masculina no Inconsciente da mulher). Percebe-se nessa sessão que Maria Cristina vive um estágio de inconsciência em relação ao seu *Animus*, sendo identificada e possuída por ele, em uma espécie de "estado de inflação". Ele aparece em seus sonhos como uma figura masculina ameaçadora e destruidora, e não como um *Animus* criativo.

A Psicologia Analítica defende que o relacionamento com o *Animus* resulta em um Ego feminino mais forte e desenvolvido, a caminho da Individuação (do *Self*), ao superar a inflação e autodestruição do *Animus*. A mulher, porém, não deve negligenciar o desenvolvimento de seu *Self* feminino. Segundo James Hillman (1995, p. 77),

> o *Animus* se refere ao espírito, ao *logus*, à palavra, à idéia, ao intelecto, à razão, à abstração e ao significado.

Pode ser um mediador, um guia para o *Self*.

Percebe-se em seus sonhos o quanto Maria Cristina ficou assustada com a desvalorização do papel feminino em seu contexto familiar. Segundo Koltuv (1997, p. 57), na nossa cultura, em razão da supervalorização do masculino no Pariarcado, e da desvalorização do feminino, as mulheres em geral são criadas por mães que não podem amá-las incondicionalmente, porque não aceitam inteiramente a si mesmas, de modo que podem estimular suas filhas a voltarem suas fantasias de identificação para o mundo masculino. No caso de Maria Cristina, o processo da integração de sua dualidade ou de seus opostos internos expressos nas imagens oníricas pode ser vivenciado no contexto psicodramático. O sonho trouxe a emergência do elemento simbólico criativo (o bebê), resultante da transcendência das polaridades. Ao encarnar esse bebê no contexto psicodramático, Maria Cristina teve a oportunidade de vivenciar essa possibilidade e integrar à sua consciência a amplitude de sentidos que essa imagem poderia ter para sua existência.

Enfim, posso concluir este capítulo com a síntese de que, nestas sessões de Psicoterapia de Grupo, constatei como o uso da fantasia e do jogo dramático no "como se" podem facilitar a emergência de temas do Co-Inconsciente grupal, que promovem a exteriorização da subjetividade e a objetivação da intersubjetividade grupal, processos necessários para promover o caminho da Individuação, da integração de opostos e do desenvolvimento da função transcendente, possibilitando o encontro com o que Jung denominou de eixo Ego-*Self*. Por outro lado, podem expressar conteúdos arquetípicos ativados ou constelados em determinado grupo, que por sua vez passam a ser vivenciados no contexto dramático.

Conclusão

Chegamos ao final da dança. Moreno e Jung ora acertaram o passo, ora se perderam em sua multiplicidade de diferentes ritmos. Por alguns momentos os sentimos leves, dialogando sem reservas; já em outros, o passo mostrou-se pesado, ou talvez distante. Utilizei nessa dança alguns discípulos ou colaboradores de ambos, para apressar ou desvendar o passo mais obscuro que foi surgindo. Contudo, não pretendo esgotar este tema, que me parece tão vasto. Poderia discorrer muito mais sobre as inúmeras diferenças entre J. L. Moreno e C. G. Jung, dois autores tão singulares, mas essa não foi a direção, que se dedicou a apresentar apenas alguns pontos de aproximação existencial, epistemológica, metodológica e clínica entre eles. Minha intenção foi defender as hipóteses possíveis, apenas descrevendo a minha experiência de trabalho clínico-grupal na interface dessas abordagens.

Espero com isto não ter confundido o leitor, mas sim esclarecido a proposta, pois não pretendo, como disse anteriormente, complementar uma teoria com a outra, aproximando seus conceitos, na ansiedade de buscar simplificações, respostas ou "verdades absolutas". Convido o leitor a testemunhar a dança entre os dois pensadores, ao ritmo do Construtivismo, no salão da pós-modernidade.

Convém enfatizar que o que mais me chamou a atenção nessa dança foi a ênfase dada pelos dois autores à criatividade nos vínculos, seja ele terapêutico, conjugal, pedagógico ou de qualquer outro tipo. Metodologicamente, acrescentam à criatividade a ênfase dada à fantasia e ao jogo. É desnecessário lembrar por que Moreno deu importância central a esse conteúdo, já que partiu do Teatro Espontâneo e dos jogos com crianças nos Jardins de Viena. Jung, por sua vez, seguiu direção bastante oposta. Lembro aqui que ao estudar seus pacientes psicóticos, em hospitais psiquiátricos, encantou-se por suas fantasias fantásticas, preocupando-se em descobrir o sentido de suas criações, descobrindo que, se estes encontrassem uma "porta de comunicação" com o mundo exterior da cultura, poderiam libertar-se, sair do isolamento e dissociação psicótica, expor sua lógica, com algum tipo de integração consciente.

Desse modo, as poderosas fantasias e os sistemas míticos do Inconsciente Coletivo passaram a se expressar via Artes Plásticas e a serem validados por Jung como criações subjetivas legítimas, protagonistas de um drama que não só era individual, como coletivo (para usar aqui os termos bem morenianos), assim como não só atual, mas integrando passado, presente e futuro.

Assim, nossos autores partiram de um *locus* espontâneo-criativo no seio da Arte. Da mesma forma que o palco moreniano, o ateliê de pintura de Jung passou a ser um espaço subvertido para a abstração e a angústia de seus pacientes, refúgio para construções e desconstruções, que de início traduziam o caótico-indiferenciado, para irem progressivamente se estruturando, por um processo que se poderia até chamar de "Equilibração Majorante", no dizer específico de Piaget.

Portanto, o palco e o ateliê de ambos constituem um território para possibilitar as vontades construtivas desses pacientes, que partem de um nível mais ou menos elevado de desintegração até, enfim, construírem suas catarses integrativas, mais do que ab-reativas. Jung considerou o final desse processo semelhante a um processo de redenção e justifica isso com uma frase de Nietzsche:

> Criar é a grande redenção do sofrimento e a possibilidade de viver no bem-estar. (apud Maroni, 1998)

Ao buscar a analogia entre as imagens e fantasias psicóticas com outros sistemas míticos, fazendo uso da técnica da Amplificação, buscando suas bases arquetípicas, constatou-se que Jung tentou devolver esses pacientes à cultura, de posse de uma linguagem única (individuada), porém coletivizada. Essa técnica torna possível dar um estatuto próprio à fantasia, ao símbolo, sem reduzi-lo a signos ou sinais conhecidos, ou conservados culturalmente, a alegorias. Valoriza a fantasia como linguagem primordial da Psique e acredita que é por meio de sua ativação que o ser humano é capaz de lançar-se no ilimitado processo de simbolização, tornando-se um criador interminável de novas possibilidades culturais (Maroni, 1998, p. 50). Por outro lado, é aí que Moreno, semelhantemente, valoriza o imaginário e a fantasia como estratégias de ascenção ao simbólico, lançando o ser humano no ilimitado processo de reconstrução de sua realidade. Finalmente, ambos buscam inserir o ser humano como co-participante/co-construtor da experiência da humanidade, co-responsável pela evolução de sua história pessoal e coletiva.

Observamos com este trabalho e na minha prática clínica (um tanto junguiana, psicodramática, mas construída/costurada com a minha singularidade), a importância da utilização do Jogo Criativo do "como se". Este se apresenta como recurso apropriado para o resgate da linguagem individuada, do reconhecimento da relação consciente-inconsciente (Ego-*Self*), possibilitando um reencontro com si próprio, com o outro e com o mundo. No final dessa dança entre J. L. Moreno e C. G. Jung, concluímos que não é só no "intra" ou no "inter" que o ser humano se desenvolve, até porque não existe delimitação entre um campo e o outro, mas um todo contínuo. A dinâmica é uma só, intra-inter-pessoal. É possibilitando a contínua não-cristalização dos processos, a re-criação dos fluxos espontâneos, que o ser humano se desvela, revela-se, humaniza-se, transcende e compromete-se com a humanidade e com o cosmo. Enfim, é no valor dado ao Jogo, no "como se" criativo do *setting* terapêutico, que Moreno e Jung melhor se encontram e "acertam o passo" na dança da pós-modernidade, como representantes e precursores da perspectiva construtivista. Seja buscando encontrar o caminho da Individuação, seja no Encontro Existencial, no despojar-se de projeções transferenciais ou em busca de percepções mais télicas, é neste leito da construção-desconstrução constante que ambos concebem o homem como um ser em eterno devir.

REFERÊNCIAS BIBLIOGRÁFICAS

AGUIAR, M. *O teatro terapêutico – escritos psicodramáticos*. Campinas: Papirus, 1990.

_____. *Teatro da anarquia – um resgate do psicodrama*. São Paulo: Ágora, 1988.

AGUIAR, M. (coord.). *O psicodramaturgo J. L. Moreno*. São Paulo: Casa do Psicólogo, 1990.

ALMEIDA, W. C. *Formas do encontro – psicoterapia aberta*. São Paulo: Ágora, 1988.

_____. *Moreno: encontro existencial com as psicoterapias*. São Paulo: Ágora, 1991.

AMADO, P. S. "*A socionomia em questão*". Mesa Redonda. In: *Revista Brasileira de Psicodrama*, Febrap, v. 6, n. 2, 1998.

ANZIEU, D. *Psicodrama analítico*. Rio de Janeiro: Campus, 1981.

BARCELLOS, G. *Jung*. São Paulo: Ática, Série Princípios, 1991.

BENNET, E. *O que Jung disse realmente*. Rio de Janeiro: Jorge Zahar, 1985.

BLATNER, A. "*As implicações do pós-modernismo para a psicoterapia*". In: *Jornal Leituras*, da Cia. de Teatro Espontâneo, n. 32, Campinas, 1999.

BOFF, L. *Saber cuidar – Ética do humano, compaixão pela terra*. Petrópolis: Vozes, 1999.

_____. *Espiritualidade – um caminho de transcendência*. Rio de Janeiro: Sextante, 2001.

BUSTOS, D. M. *O teste sociométrico*. São Paulo: Brasiliense, 1992.

CLARKE, J. J. *Em busca de Jung – indagações históricas e filosóficas*. Rio de Janeiro: Ediouro, 1993.

CONGER, J. *Jung e Reich – o corpo como sombra*. São Paulo: Summus, 1993.

CUKIER, R. *Psicodrama bipessoal*. São Paulo: Ágora, 1992.

DURAN, A. P. "Psicoterapia e construtivismo". In: *Anais do I Congresso Norte-Nordeste de Psicologia*, Salvador, 1999.

FONSECA FILHO, J. S. *Psicodrama da loucura – correlações entre Buber e Moreno*. São Paulo: Ágora, 1980.

_____. *Psicoterapia da relação – Elementos de psicodrama contemporâneo*. São Paulo: Ágora, 2000.

GALLBACH, M. R. *Aprendendo com os sonhos*. São Paulo: Paulus, 2000.

GONÇALVES, C.; WOLLF, J.; ALMEIDA, C. W. *Lições de psicodrama – introdução ao pensamento de J. L. Moreno*. São Paulo: Ágora, 1988.

GONÇALVES, O. *Construtivismo em psicoterapias*. Porto Alegre: Artes Médicas, 1997.

GRIMM, E. & W. *Contos de fadas*. Rio de Janeiro: Villa Rica, 1999.

GRINBERG, L. P. *Jung – o homem criativo*. São Paulo: FTD, 1997.

HALL, J. *Jung e a interpretação dos sonhos: manual de teoria e prática*. São Paulo: Cultrix, 1987.

HILLMAN, J. *Anima: Anatomia de uma noção personificada*. São Paulo: Cultrix, 1995.

HYCNER, R. *De pessoa a pessoa – Psicoterapia dialógica*. São Paulo: Summus, 1995.

HUMBERT, E. *Jung*. São Paulo: Summus, 1985.

JUNG, C. G. *Ab-reação, análise dos sonhos e transferência*. 4ª ed. C.W., v. XVI/2. Petrópolis: Vozes, 1999.

_____. *Símbolos da transformação*. C.W., v. V. Petrópolis: Vozes, 1995.

_____. *O eu e o inconsciente*. C. W., v. VII. Petrópolis: Vozes, 1987.

_____. *Psicologia e religião*. C.W., v. XI/1. Petrópolis: 1987.

_____. *Memórias, sonhos e reflexões*. Rio de Janeiro: Nova Fronteira, 1963.

_____. *O homem e seus símbolos*. Rio de Janeiro: Nova Fronteira, 1964.

_____. *A prática da psicoterapia*. C. W. Petrópolis: Vozes, v. XVI, 1995.

KELLERMAN, P. *O psicodrama em foco – Seus aspectos terapêuticos*. São Paulo: Ágora, 1998.

KNAPE, P. P. *Mais do que um jogo – Teoria e prática do jogo em psicoterapia*. São Paulo: Ágora, 1998.

KOLTUV, B. *A tecelã – Ensaios sobre a psicologia feminina extraídos do diário de uma analista junguiana*. São Paulo: Cultrix, 1997.

MACEDO, L. *Ensaios construtivistas*. São Paulo: Casa do Psicólogo, 1994.

MACIEL, C. *Mitodrama – O universo mítico e seu poder de cura*. São Paulo: Ágora, 2000.

MAGALDI FILHO, W. "*A relação de ajuda: reflexões entre o curador e o ferido*". In: *Arquivo do Instituto Junguiano da Bahia*, Salvador, 1999.

MARINEAU, R. *Jacob Levy Moreno, 1889-1974: pai do psicodrama, da sociometria e da psicoterapia de grupo*. São Paulo: Ágora, 1992.

MARONI, A. *Jung, individuação e coletividade*. São Paulo: Moderna, 1999.

_____. *Jung, o poeta da alma*. São Paulo: Summus, 1998.

MARTÍN, E. G. *Psicologia do encontro: J. L. Moreno*. São Paulo: Ágora, 1996.

MASSARO, G. "Subjetividade e Psicodrama". In: *Rosa dos Ventos da Teoria do Psicodrama*. São Paulo: Ágora, 1994.

_____. *Esboço para uma teoria da cena – Propostas de ação para diferentes dinâmicas*. São Paulo: Ágora, 1996.

MAZZILLI, R. "Psicodrama junguiano". In: *Pesquisa por correspondência pessoal*, via e-mail, 2000.

MCLYNN, F. *Carl Gustav Jung – Uma biografia*. Rio de Janeiro: Record, 1998.

MENEGAZZO, C. *Magia, mito e psicodrama*. São Paulo: Ágora, 1994.

MESQUITA, A. M. *O psicodrama e as abordagens alternativas do empirismo lógico como metodologia científica*. Tese de Mestrado em Psicologia Clínica da PUC/RJ, Rio de Janeiro, 2000.

MORENO, J. L. *Psicodrama*. São Paulo: Cultrix, 1975.

_____. *Fundamentos do psicodrama*. São Paulo: Summus, 1983.

_____. *Psicoterapia de grupo e psicodrama*. São Paulo: Mestre Jou, 1974.

_____. *Quem sobreviverá?* Goiânia: Dimensão, 1994.

_____. *Autobiografia*. São Paulo: Saraiva, 1997.

_____. *Teatro da espontaneidade*. São Paulo: Summus, 1984.

MORIN, E. *O método*. Porto Alegre: Sulina, 1999.

NAFFAH NETO, A. *Psicodrama, descolonizando o imaginário*. São Paulo: Brasiliense, 1979.

_____. *Psicodramatizar*. São Paulo: Ágora, 1980.

_____. *Outr'em-mim: ensaios, crônicas, entrevistas*. São Paulo: Plexus, 1998.

_____. *A psicoterapia em busca de Dionísio: Nietzsche visita Freud*. São Paulo: Escuta/EDUC, 1994.

PERAZZO, S. "Revisão crítica dos conceitos de tele e transferência". In: *Anais do VI Congresso Brasileiro de Psicodrama*, Salvador, 1988, v.1, p. 225-32.

_____. *Ainda e sempre psicodrama*. São Paulo: Ágora, 1994.

PIAGET, J. *Nascimento da inteligência da criança*. Rio de Janeiro: Zahar, 1975.

PIAGET, J. e INHELDER, B. *A psicologia da criança*. São Paulo: Difel, 1985.

STEINBERG, W. *Aspectos clínicos da terapia junguiana*. São Paulo: Cultrix, 1995.

STEIN, M. *Jung, o mapa da alma*. São Paulo: Cultrix, 1998.

STEIN, R. *Incesto e amor humano* (local, ed), 1999.

SILVEIRA, N. *Imagens do inconsciente*. Rio de Janeiro: Alhambra, 1981.

_____. *Jung – Vida e obra*. Rio de Janeiro: Paz e Terra, 2000.

VAITSMAN, J. "Subjetividade e paradigma do conhecimento". In: *Boletim Técnico do Senac*, n. 21 (2), maio/ago., 1995.

VON FRANZ, M. L. *Psicoterapia*. São Paulo: Paulus, 1999.

WECHSLER, M. P. F. *Relações entre afetividade e cognição: de Moreno a Piaget*. São Paulo: Annablume, 1998.

_____. *Psicodrama e construtivismo como uma psicopedagogia: estudos com crianças e adolescentes*. Tese de Mestrado, USP, São Paulo, 1994.

_____. "A matriz de identidade numa perspectiva construtivista: locus de construção e conhecimento". In: *Revista Brasileira de Psicodrama*, Febrap, v. 5, n. 1, p. 21-8, 1997.

WEINRIB, E. *Imagens do self – o processo terapêutico na Caixa de Areia*. São Paulo: Summus, 1993.

WILLIAMS, A. *Temas proibidos: ações estratégicas para grupos*. São Paulo: Ágora, 1998.

WINNICOTT, D. W. *O brincar e a realidade*. Rio: Imago, 1975.

WOLF, S. M. As psicoterapias e suas práticas contemporâneas. In: *Revista da APAL*, v.15, n.1, Rio de Janeiro, 1993.

CYBELE MARIA RABELO RAMALHO é natural de Aracaju (SE), psicóloga formada em 1981 pela Universidade Federal da Paraíba (UFPB) e pós-graduada em Psicologia Clínica pela PUC/MG. Tornou-se psicodramatista pela Sociedade de Psicodrama da Bahia em 1990. É membro da Febrap (Federação Brasileira de Psicodrama) e credenciada como professora-supervisora desde 1994. Atualmente, é Coordenadora dos Cursos de Formação em Psicodrama em Aracaju pela Profint (Profissionais Integrados Ltda.). Leciona no Curso de Psicologia da Universidade Federal de Sergipe (UFS) e concluiu o Curso de Especialização em Psicoterapia Analítica pelo Instituto Junguiano da Bahia. Em consultório particular tem experiência clínica de vinte anos com adolescentes e adultos, nas modalidades individual e grupal. Desenvolve, eventualmente, trabalhos de assessoria em algumas instituições e comunidades, utilizando a metodologia sociopsicodramática.

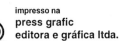

impresso na
**press grafic
editora e gráfica ltda.**
Rua Barra do Tibagi, 444
Bom Retiro – CEP 01128-000
Tels.: (011) 221-8317 – (011) 221-0140
Fax: (011) 223-9767

― ― ― ― ― ― ― ― ― ― dobre aqui ― ― ― ― ― ― ― ― ― ―

ISR 40-2146/83
UP AC CENTRAL
DR/São Paulo

CARTA RESPOSTA
NÃO É NECESSÁRIO SELAR

O selo será pago por

SUMMUS EDITORIAL

05999-999 São Paulo-SP

― ― ― ― ― ― ― ― ― ― dobre aqui ― ― ― ― ― ― ― ― ― ―

CADASTRO PARA MALA DIRETA

Recorte ou reproduza esta ficha de cadastro, envie completamente preenchida por correio ou fax, e receba informações atualizadas sobre nossos livros.

Nome: _____ Empresa: _____
Endereço: ☐ Res. ☐ Coml. _____ Bairro: _____
CEP: _____-_____ Cidade: _____ Estado: _____ Tel.: ( ) _____
Fax: ( ) _____ E-mail: _____
Profissão: _____ Professor? ☐ Sim ☐ Não Disciplina: _____ Data de nascimento: _____

1. Você compra livros:
☐ Livrarias ☐ Feiras
☐ Telefone   ☐ Correios
☐ Internet   ☐ Outros. Especificar: _____

2. Onde você comprou este livro? _____

3. Você busca informações para adquirir livros:
☐ Jornais   ☐ Amigos
☐ Revistas   ☐ Internet
☐ Professores ☐ Outros. Especificar: _____

4. Áreas de interesse:
☐ Psicologia   ☐ Comportamento
☐ Crescimento Interior ☐ Saúde
☐ Astrologia   ☐ Vivências, Depoimentos

5. Nestas áreas, alguma sugestão para novos títulos? _____

6. Gostaria de receber o catálogo da editora? ☐ Sim ☐ Não

7. Gostaria de receber o Ágora Notícias? ☐ Sim ☐ Não

Indique um amigo que gostaria de receber a nossa mala direta

Nome: _____ Empresa: _____
Endereço: ☐ Res. ☐ Coml. _____ Bairro: _____
CEP: _____-_____ Cidade: _____ Estado: _____ Tel.: ( ) _____
Fax: ( ) _____ E-mail: _____
Profissão: _____ Professor? ☐ Sim ☐ Não Disciplina: _____ Data de nascimento: _____

Editora Ágora
Rua Itapicuru, 613 7º andar   05006-000   São Paulo - SP   Brasil   Tel (11) 3872 3322   Fax (11) 3872 7476
Internet: http://www.editoraagora.com.br   e-mail: agora@editoraagora.com.br